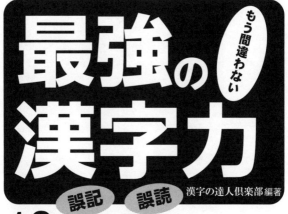

はじめに

ビジネスの現場で、漢字を間違えて使ったりして、恥ずかしい思いをしたことはありませんか。へんてこな読み方をして恥をかいたことはありませんか。だれでも必ず思い当たるはずです。子供ならいざ知らず、スーツにネクタイで身を固めたビジネスマンが間違いだらけの文章を作成していたり、読みミスばかりをしていたらチョッとオソマツです。

漢字は五万字以上あるといわれますが、日常生活やビジネスの世界で必要なのは二一三六字プラスαです。二一三六字というのは、内閣告示で定められた「一般の社会生活において現代の国語を書き表すための漢字使用の目安……」であるいわゆる常用漢字です。プラスαというのは、その人の職業や環境によって異なります。たとえば、新聞記者や編集者であればαは多くなって当たり前でしょう。

二一三六字と聞いて「そんなに！」と驚く向きもあるかもしれませんが大したことはありません。なぜなら二一三六字は中学校卒業時点で日本国民はマスターしていることになっているのですから。なんと小学校で一〇〇六字は習っているのです。ですからだれでも一度はマスターしている経験のある漢字なのです。一度覚えたものは、初めての場合とちがって、一気に集中的にまじめに立ち向かえばすぐに覚えられます。しかし、一度そういう機会を設けなければ、漢字はなかなかマスターできません。本書はそんな機会を大人の皆さんにもっていただこうとの願いからつくられました。本書で漢字アレルギーは必ず完治します。

編著者

CONTENTS

はじめに ………… 3

第1章 もう間違わない！ ウッカリでは済まされない、"同音異義語"漢字誤変換282 ………… 7

- **STEP 1** いまさら聞けない、漢字変換ミス ………… 9
- **STEP 2** これだけは知っておきたい、漢字変換ミス ………… 23
- **STEP 3** 常識としておさえておきたい、漢字変換ミス ………… 35
- **STEP 4** 教養が試される、漢字変換ミス ………… 47
- **STEP 5** 同じ発音でもこんなに意味が違う！漢字変換ミス ………… 59
- **STEP 6** きちんと使い分けられていますか？漢字変換ミス ………… 65

第2章 もう間違わない！
迷いはじめたら、ますますわからなくなる漢字誤変換 323 ………… 81

STEP 1 "できる人"は
迷わない漢字変換 ………… 83

STEP 2 "できる人"は
知っている漢字変換 ………… 93

STEP 3 "できる人"は
間違わない漢字変換 ………… 105

STEP 4 "できる人"は
使いこなしている四字熟語 ………… 117

第3章 もう間違わない！
思わず見逃す、よく似た漢字誤変換 103 ………… 123

STEP 1 知ってるだけでちょっと差がつく、
よく似た漢字変換 ………… 125

STEP 2 大人なら知っておきたい、
よく似た漢字変換 ………… 133

STEP 3 わかっているようでわからない、
よく似た漢字変換 ………… 137

第4章 もう間違わない！ 知らないと恥をかく、誤読変換225 ……145

STEP 1 語彙力以前に読めなければ、はじまらない ……147

STEP 2 語彙力が上がれば、印象も変わる！ ……159

STEP 3 読めるだけで知性が光る、難読漢字 ……169

第5章 もう間違わない！ 意外な場面で役にたつ、日常漢字389 ……177

STEP 1 植物に関する漢字たち ……179

STEP 2 動物に関する漢字たち ……191

STEP 3 一般教養に関する漢字たち ……203

第1章

もう間違わない！

ウッカリでは済まされない、"同音異義語"漢字誤変換282

STEP 1

いまさら聞けない、漢字変換ミス

Q 変換ミスはどれ?

ゴッホの絵を観賞する

財布を収得する

温情に報いる

債権を行使する

門戸を開放する

- - - - - - - - - - - - - -

[答えは本文を]

□ せいねん
- Ⓐ 青年
- Ⓑ 成年

Ⓐ彼は立派なせいねんになった
Ⓑ彼も来年せいねんに達する

Ⓐは若者のこと、
Ⓑは20歳以上の人のこと

□ かしょう
- Ⓐ 過小
- Ⓑ 過少

Ⓐ相手の実力をかしょう評価する
Ⓑ税金をかしょう申告する

Ⓐは小さすぎること、
Ⓑは少なすぎること

□ かんしょう
- Ⓐ 鑑賞
- Ⓑ 観賞

Ⓐゴッホの絵をかんしょうする
Ⓑ菊の花をかんしょうする

Ⓐは芸術作品の良さを味わうこと、Ⓑは見て楽しむこと

□ じてん
- Ⓐ 事典
- Ⓑ 辞典

Ⓐ百科じてん
Ⓑ漢和じてん

Ⓐは事柄を説明した本、
Ⓑは言葉を説明した本のこと

□ ようけん
- Ⓐ 用件
- Ⓑ 要件

Ⓐようけんを話す
Ⓑようけんを備える

Ⓐは用事の内容のこと、
Ⓑは必要な条件のこと

第1章　ウッカリでは済まされない、"同音異義語"漢字誤変換282

□ぶっけん
- Ⓐ 物件
- Ⓑ 物権

Ⓐ証拠ぶっけん
Ⓑ担保ぶっけん

Ⓐは品物のこと、Ⓑは法律用語で物を直接支配する権利のこと

□じりつ
- Ⓐ 自立
- Ⓑ 自律

Ⓐ自分の店を持ってじりつする
Ⓑじりつの心を養う

Ⓐはひとりだちのこと、Ⓑは自分で自分の行動を規制すること

□しょうがい
- Ⓐ 傷害
- Ⓑ 障害

Ⓐしょうがい保険
Ⓑしょうがい物競争

Ⓐはけがをさせること、Ⓑはじゃまになるもののこと

□しゅうとく
- Ⓐ 収得
- Ⓑ 拾得

Ⓐ住宅をしゅうとくする
Ⓑ財布をしゅうとくする

Ⓐは自分の物にすること、Ⓑは落ちている物を拾うこと

□せいそう
- Ⓐ 正装
- Ⓑ 盛装

Ⓐ結婚式にせいそうで出席する
Ⓑ同窓会にせいそうして出かける

Ⓐは儀式用の正式な服装のこと、Ⓑは立派に着飾ること

□こうりつ
- Ⓐ 効率
- Ⓑ 高率

Ⓐこうりつの良い仕事
Ⓑこうりつな利子

Ⓐは仕事の能率のこと、Ⓑは比率の高いこと

□こうほう
- Ⓐ 公報
- Ⓑ 広報

Ⓐ選挙こうほう
Ⓑ市のこうほう

Ⓐは役所が出す正式な通知、Ⓑは多くの人に知らせること

□こうふ
- Ⓐ 公布
- Ⓑ 交付

Ⓐ憲法をこうふする
Ⓑ免許証をこうふする

Ⓐは広く知らせること、Ⓑは引き渡すこと

□こうこく
- Ⓐ 公告
- Ⓑ 広告

Ⓐ官報でこうこくする
Ⓑ新聞こうこく

Ⓐは役所が広く知らせること、Ⓑは世間に広く知らせること

□こたい
- Ⓐ 固体
- Ⓑ 個体

Ⓐこたい燃料
Ⓑこたい概念

Ⓐは形の変化しないもの、Ⓑは他の物と区別されるもののこと

第1章　ウッカリでは済まされない、"同音異義語"漢字誤変換282

□しゅうしゅう

Ⓐ 収拾
Ⓑ 収集

Ⓐ事態をしゅうしゅうする
Ⓑ切手のしゅうしゅうをする

Ⓐは混乱をうまく治めること、Ⓑは集めること

□こうひょう

Ⓐ 好評
Ⓑ 高評

Ⓐこの映画はこうひょうである
Ⓑごこうひょうを賜る

Ⓐは評判が良いこと、Ⓑは相手の批評を尊敬している語のこと

□ほけん

Ⓐ 保健
Ⓑ 保険

Ⓐほけん所
Ⓑ生命ほけん

Ⓐ健康を保つこと、Ⓑは不測の事態に備えておくための制度

□たいけい

Ⓐ 大系
Ⓑ 体系

Ⓐ漢文たいけい
Ⓑ賃金たいけい

Ⓐはある方面の著作をまとめた本、Ⓑは順序よくまとめたもの

□きんりょう

Ⓐ 禁猟
Ⓑ 禁漁

Ⓐきんりょう区で狩猟はしない
Ⓑサンマ漁は現在きんりょうだ

Ⓐは鳥獣をとることを禁止、Ⓑは魚貝をとることを禁止

□ きょうそう
- Ⓐ 競争
- Ⓑ 競走

Ⓐ生存きょうそう
Ⓑ100メートルきょうそう

Ⓐは勝敗を他と争うこと、Ⓑは走って速さを競うこと

□ みんぞく
- Ⓐ 民俗
- Ⓑ 民族

Ⓐみんぞく芸能
Ⓑみんぞく自決

Ⓐは民間の風俗、Ⓑは言語や文化を共有する人間の集団のこと

□ こうどく
- Ⓐ 講読
- Ⓑ 購読

Ⓐ原書こうどく
Ⓑ新聞の定期こうどく

Ⓐは内容を理解しながら読むこと、Ⓑは買って読むこと

□ はいすい
- Ⓐ 排水
- Ⓑ 廃水

Ⓐはいすい工事
Ⓑ工場のはいすい

Ⓐは外へ汲み出すこと、Ⓑは一度使用して捨てられた水のこと

□ ひとで
- Ⓐ 人手
- Ⓑ 人出

Ⓐひとでが足りない
Ⓑひとでが多い

Ⓐは労働力のこと、Ⓑは大勢の人がある場所に出ること

第1章　ウッカリでは済まされない、"同音異義語"漢字誤変換282

□きゅうはく
- Ⓐ 急迫
- Ⓑ 窮迫

Ⓐ事態がきゅうはくする
Ⓑ生活がきゅうはくする

Ⓐはせっぱつまること、Ⓑは生活やお金が苦しくなること

□しょうきゃく
- Ⓐ 消却
- Ⓑ 償却

Ⓐ名簿から名前をしょうきゃくする
Ⓑ借金をしょうきゃくする

Ⓐは消してなくすこと、Ⓑは借りたお金を返すこと

□おんじょう
- Ⓐ 恩情
- Ⓑ 温情

Ⓐおんじょうに報いる
Ⓑおんじょうあふれる言葉

Ⓐは目上の者の情け深い心、Ⓑは思いやりのあるやさしい心

□きさい
- Ⓐ 奇才
- Ⓑ 鬼才

Ⓐ文壇のきさい
Ⓑ一代のきさい

Ⓐは特別優れた才能、Ⓑは人間わざとは思えない優れた才能

□かねつ
- Ⓐ 加熱
- Ⓑ 過熱

Ⓐ豚肉は必ずかねつして食べる
Ⓑストーブのかねつが火事の原因

Ⓐは熱を加えること、Ⓑは熱くなり過ぎること

□がっかい

Ⓐ 学会
Ⓑ 学界

Ⓐがっかいで発表する
Ⓑがっかいで認められる

Ⓐは同じ専門の学問研究を目的とする会、Ⓑは学者の集まり

□かがく

Ⓐ 化学
Ⓑ 科学

Ⓐかがく反応
Ⓑ自然かがく

Ⓐは物質の変化を研究する学問
Ⓑは体系的な知識を極める学問

□かくしゅう

Ⓐ 各週
Ⓑ 隔週

Ⓐかくしゅうに発刊される雑誌
Ⓑかくしゅうで開催される理事会

Ⓐは毎週のこと、
Ⓑは一週間おきのこと

□ふじゅん

Ⓐ 不純
Ⓑ 不順

Ⓐふじゅんな動機
Ⓑふじゅんな気候

Ⓐは純粋でないこと、
Ⓑは順当でないこと

□とくしゅ

Ⓐ 特殊
Ⓑ 特種

Ⓐとくしゅな製法でつくられた薬
Ⓑとくしゅな薬

Ⓐは普通と違っていること、
Ⓑは種類が違うこと

第1章　ウッカリでは済まされない、"同音異義語"漢字誤変換282

□さいけん
- Ⓐ 債権
- Ⓑ 債券

Ⓐさいけんを行使する
Ⓑさいけんを発行する

Ⓐは貸金を取り立てる権利、Ⓑはお金を借りたときの証券

□かんしん
- Ⓐ 感心
- Ⓑ 関心

Ⓐかんしんなこども
Ⓑ異性にかんしんを持つ

Ⓐは立派だと思うこと、Ⓑは興味のこと

□がっか
- Ⓐ 学科
- Ⓑ 学課

Ⓐ得意ながっか
Ⓑ一日のがっか

Ⓐは学問の科目のこと、Ⓑは学習しなければならない事柄

□いどう
- Ⓐ 異動
- Ⓑ 移動

Ⓐ人事いどうがある
Ⓑ机をいどうする

Ⓐは職務が変わること、Ⓑは場所が変わること

□かいてい
- Ⓐ 改定
- Ⓑ 改訂

Ⓐ運賃のかいてい
Ⓑ辞典のかいてい

Ⓐは新しく決めなおすこと、Ⓑは内容を正しくなおすこと

□ いがい
- Ⓐ 以外
- Ⓑ 意外

Ⓐ これいがいに方法はない
Ⓑ いがいな出来事であった

Ⓐはその他のこと、
Ⓑは考えてもいなかったこと

□ せんゆう
- Ⓐ 占有
- Ⓑ 専有

Ⓐ 領土として**せんゆう**する
Ⓑ 南向きの部屋を**せんゆう**する

Ⓐは自分の所有とすること、
Ⓑは独り占めにすること

□ きょうか
- Ⓐ 強化
- Ⓑ 教化

Ⓐ **きょうか**合宿
Ⓑ **きょうか**活動

Ⓐは強くすること、
Ⓑは良い方向に教え導くこと

□ けしき
- Ⓐ 気色
- Ⓑ 景色

Ⓐ 二人の間のただならぬ**けしき**
Ⓑ **けしき**を眺める

Ⓐは様子のこと、
Ⓑは風景のこと

□ かいほう
- Ⓐ 開放
- Ⓑ 解放

Ⓐ 門戸を**かいほう**する
Ⓑ 奴隷を**かいほう**する

Ⓐは戸を開けておくこと、
Ⓑは自由にすること

第1章 ウッカリでは済まされない、"同音異義語"漢字誤変換282

□じったい
Ⓐ 実体
Ⓑ 実態

Ⓐネッシーのじったい
Ⓑ国民生活のじったい

Ⓐは正体のこと、
Ⓑはありのままの様子

□めいげん
Ⓐ 名言
Ⓑ 明言

Ⓐめいげんを残す
Ⓑめいげんを避ける

Ⓐは心に残るような言葉のこと
Ⓑははっきり言い切ること

□きかい
Ⓐ 器械
Ⓑ 機械

Ⓐ医療きかい
Ⓑきかい工業

Ⓐは簡単な道具のこと、Ⓑは動力のある大がかりな道具のこと

□でんき
Ⓐ 電器
Ⓑ 電機

Ⓐ家庭でんき
Ⓑ重でんき

Ⓐは電気器具の略、Ⓑは電力で運転する機械のこと

□かき
Ⓐ 夏季
Ⓑ 夏期

Ⓐかき休暇
Ⓑ塾のかき講習

Ⓐは夏の季節のこと、
Ⓑは夏の時期のこと

□ とうき
Ⓐ 冬季
Ⓑ 冬期

Ⓐ とうきオリンピック
Ⓑ 塾のとうき講習

Ⓐは冬の季節のこと、Ⓑは冬の時期のこと

□ ねんき
Ⓐ 年期
Ⓑ 年季

Ⓐ ねんきを定める
Ⓑ ねんき奉公

Ⓐは年限のこと、Ⓑは人を雇う約束の年数のこと

□ しょうすう
Ⓐ 小数
Ⓑ 少数

Ⓐ しょうすう点
Ⓑ しょうすう意見

Ⓐは1より小さい端数のついた数、Ⓑは数が少ないこと

□ しょうがく
Ⓐ 小額
Ⓑ 少額

Ⓐ しょうがく紙幣で払う
Ⓑ 費用はしょうがくですむ

Ⓐは金額の単位が小さいこと、Ⓑは金額が少ないこと

□ さいしょう
Ⓐ 最小
Ⓑ 最少

Ⓐ さいしょう限度の被害ですむ
Ⓑ さいしょう得点で勝つ

Ⓐいちばん小さいこと、Ⓑはいちばん少ないこと

第1章　ウッカリでは済まされない、"同音異義語"漢字誤変換282

□きょくしょう
- Ⓐ 極小
- Ⓑ 極少

Ⓐきょくしょうな物体
Ⓑきょくしょうの差で勝つ

Ⓐは非常に小さいこと、Ⓑは数量が非常に少ないこと

□びしょう
- Ⓐ 微小
- Ⓑ 微少

Ⓐびしょうな生物
Ⓑびしょうな損害

Ⓐは形がごく小さいこと、Ⓑは量がごくわずかなこと

□きてん
- Ⓐ 起点
- Ⓑ 基点

Ⓐ東海道のきてんは日本橋
Ⓑ駅をきてんとして半径20キロ

Ⓐは出発点のこと、Ⓑは距離を測ったりするときもとになる点

□しゅうし
- Ⓐ 終止
- Ⓑ 終始

Ⓐ結婚生活にしゅうし符を打つ
Ⓑ逃げの答弁にしゅうしする

Ⓐは終わること、Ⓑは始めから終わりまでのこと

□しんろ
- Ⓐ 針路
- Ⓑ 進路

Ⓐしんろを北にとる
Ⓑしんろ指導を受ける

Ⓐは進んで行く方向のこと、Ⓑは将来進むべき方向のこと

漢字の成り立ち
知ればもっと漢字が好きになる！

漢字の成り立ちは一般には、象形文字（しょうけいもじ）、指事文字（しじもじ）、会意文字（かいいもじ）、形声文字（けいせいもじ）、転注文字（てんちゅうもじ）、仮借文字（かしゃくもじ）の6つに分けられます。

Q．A欄に対応する漢字の例をB欄から選びなさい。

A欄　　　　　　　　　　　　B欄
①象形文字
　物の形をかたどったもので最
　も基本的なもの　　　　　　　a 姉

②指事文字
　形で表現できないものを記号
　などで示したもの　　　　　　b 成程

③会意文字
　複数の漢字を組み合わせて新
　しい意味をあらわした　　　　c 楽

④形声文字
　ある部分から意味をとり他の
　部分から読みをとったもの　　d 馬

⑤転注文字
　もとの意味が変わり、新しい
　意味になったもの　　　　　　e 上

⑥仮借文字
　意味に関係なく音だけ借りて
　できたもの　　　　　　　　　f 森

A．①－d ②－e ③－f ④－a ⑤－c ⑥－b

STEP 2

これだけは知っておきたい、漢字変換ミス

Q 変換ミスはどれ?

大臣の決裁

野性の植物

異議の申し立て

温和な人柄

出張費の清算をする

[答えは本文を]

□しんしん
- Ⓐ 心身
- Ⓑ 心心

Ⓐしんしんを鍛える
Ⓑしんしん喪失者

Ⓐは精神と肉体のこと、Ⓑは心のこと

□じき
- Ⓐ 時期
- Ⓑ 時機

Ⓐじき尚早である
Ⓑ攻めるじきをねらう

Ⓐはあることをするおりのこと、Ⓑはちょうど良い時のこと

□でんどう
- Ⓐ 伝道
- Ⓑ 伝導

Ⓐキリスト教のでんどう
Ⓑ熱でんどう率

Ⓐは教えを伝え広めること、Ⓑは熱や電気が物を伝わること

□せいさい
- Ⓐ 精細
- Ⓑ 精彩

Ⓐせいさいな描写
Ⓑせいさいがない

Ⓐは詳しく細かいこと、Ⓑは生き生きとした様子

□せっせい
- Ⓐ 摂生
- Ⓑ 節制

Ⓐせっせいに努める
Ⓑ酒とたばこをせっせいする

Ⓐは健康に注意すること、Ⓑは控え目にすること

第1章　ウッカリでは済まされない、"同音異義語"漢字誤変換282

□けっさい
- Ⓐ 決済
- Ⓑ 決裁

Ⓐ手形のけっさい
Ⓑ大臣のけっさい

Ⓐは売買取引を終えること、Ⓑは権限者が結論を出すこと

□きょうい
- Ⓐ 脅威
- Ⓑ 驚異

Ⓐ核兵器のきょうい
Ⓑきょうい的な経済発展

Ⓐは強い力で脅かすこと、Ⓑは驚くほどすばらしいこと

□しんき
- Ⓐ 新奇
- Ⓑ 新規

Ⓐしんきをてらう
Ⓑしんき巻き直し

Ⓐは新しくめずらしいこと、Ⓑは今までとは違うこと

□やせい
- Ⓐ 野生
- Ⓑ 野性

Ⓐやせいの植物
Ⓑやせいに返る

Ⓐは野山に自然に育っていること、Ⓑは生まれたままの性質

□たいけい
- Ⓐ 体形
- Ⓑ 体型

Ⓐ美しいたいけいを保つ
Ⓑ肥満たいけい

Ⓐは体の形のこと、Ⓑは体格の特徴による分類

□ せいかく
  Ⓐ 正確
  Ⓑ 精確

Ⓐせいかくな時刻に合わせる
Ⓑせいかくに調査する

Ⓐはまちがいなく正しいこと、Ⓑは詳しくて確かなこと

□ せいちょう
  Ⓐ 生長
  Ⓑ 成長

Ⓐ稲がせいちょうする
Ⓑ息子が立派にせいちょうする

Ⓐは特に植物が育つこと、Ⓑは人や動物が大きくなること

□ ひっし
  Ⓐ 必死
  Ⓑ 必至

Ⓐひっしで逃げる
Ⓑこの成績では浪人はひっしだ

Ⓐは死にものぐるいなこと、Ⓑは必ずそうなること

□ いじょう
  Ⓐ 異常
  Ⓑ 異状

Ⓐ今年はいじょうに雨が多い
Ⓑ体にいじょうが見つかる

Ⓐは正常ではない状態のこと、Ⓑは普通とは違った状態

□ しせい
  Ⓐ 市制
  Ⓑ 市政

Ⓐしせい百周年の式典
Ⓑ腐敗したしせいを正す

Ⓐは市の制度のこと、Ⓑは市の行政のこと

第1章　ウッカリでは済まされない、"同音異義語"漢字誤変換282

□しじょう
- Ⓐ 紙上
- Ⓑ 誌上

Ⓐしじょうを騒がす
Ⓑ芥川賞をしじょうで発表する

Ⓐは新聞の記事面のこと、Ⓑは雑誌の記事面のこと

□こうたい
- Ⓐ 交替
- Ⓑ 交代

Ⓐ三こうたい勤務
Ⓑ選手のこうたい

ⒶもⒷも場所や仕事がいれかわること

□ぐんしゅう
- Ⓐ 群集
- Ⓑ 群衆

Ⓐぐんしゅう心理
Ⓑぐんしゅうが暴徒と化す

Ⓐは多勢の人が群がること、Ⓑは一か所に群がった人々のこと

□けいしょう
- Ⓐ 軽傷
- Ⓑ 軽症

Ⓐけいしょうを負う
Ⓑけいしょうの肺炎ですむ

Ⓐは軽いけがのこと、Ⓑは軽い病気のこと

□てきせい
- Ⓐ 適正
- Ⓑ 適性

Ⓐてきせい価格
Ⓑてきせい検査

Ⓐは適当で正しいこと、Ⓑは性質がそのことに向いていること

□ てんか
- Ⓐ 転化
- Ⓑ 転嫁

Ⓐ愛情が憎しみにてんかする
Ⓑ責任てんか

Ⓐは変化すること、Ⓑは自分の罪などを他人になすりつける

□ しょき
- Ⓐ 初期
- Ⓑ 所期

Ⓐこの皿は明治しょきのものである
Ⓑしょきの目的を達成する

Ⓐははじめの時期のこと、Ⓑは期待していること

□ がいかん
- Ⓐ 外観
- Ⓑ 概観

Ⓐがいかんは良いが味が悪い
Ⓑ日本の歴史をがいかんする

Ⓐはみかけのこと、Ⓑはおおよその様子をつかむこと

□ こうがく
- Ⓐ 向学
- Ⓑ 好学

Ⓐこうがく心に燃える
Ⓑこうがくの士が集まる

Ⓐは学問を志すこと、Ⓑは学問を好むこと

□ くんじ
- Ⓐ 訓示
- Ⓑ 訓辞

Ⓐくんじを垂れる
Ⓑ校長先生のくんじを聞く

Ⓐは目上の者が教え示すこと、Ⓑは教え導く言葉のこと

第1章 ウッカリでは済まされない、"同音異義語"漢字誤変換282

□ひょうじ
- Ⓐ 表示
- Ⓑ 標示

Ⓐ意思ひょうじをする
Ⓑ道路ひょうじを見る

Ⓐははっきり表すこと、Ⓑは目印として示すこと

□めいかい
- Ⓐ 明快
- Ⓑ 明解

Ⓐめいかいな答弁を行う
Ⓑめいかいに説明する

Ⓐは非常にはっきりしていること、Ⓑはよくわかる解釈

□むじょう
- Ⓐ 無情
- Ⓑ 無常

Ⓐむじょうの雨が降っている
Ⓑ人の世のむじょうを嘆く

Ⓐは思いやりがないこと、Ⓑは人生のはかないこと

□ひじょう
- Ⓐ 非常
- Ⓑ 非情

Ⓐひじょう階段
Ⓑひじょうな人

Ⓐは普通でないこと、Ⓑは心が冷たいこと

□ひかげ
- Ⓐ 日陰
- Ⓑ 日影

Ⓐひかげで遊ぶ
Ⓑひかげをさえぎる雲

Ⓐは日光の当たらないところのこと、Ⓑは日光のこと

☐ とくちょう
- Ⓐ 特徴
- Ⓑ 特長

Ⓐ犯人のとくちょう
Ⓑこの辞書のとくちょう

Ⓐは他と比べて目立つところ、Ⓑは他にない良いところ

☐ そくだん
- Ⓐ 即断
- Ⓑ 速断

Ⓐそくだん即決
Ⓑそくだんは禁物

Ⓐはその場ですぐに決めること、Ⓑは急いできめること

☐ しょうかい
- Ⓐ 紹介
- Ⓑ 照会

Ⓐ両親に恋人をしょうかいする
Ⓑ身元をしょうかいする

Ⓐは知らない者同士を引き合わせる、Ⓑは問い合わせること

☐ きょうどう
- Ⓐ 共同
- Ⓑ 協同

Ⓐきょうどう経営者
Ⓑきょうどう組合

Ⓐは二人以上の者が一緒に行う、Ⓑは力を合わせて行う

☐ きゅうめい
- Ⓐ 究明
- Ⓑ 糾明

Ⓐ事故原因をきゅうめいする
Ⓑ事故の責任をきゅうめいする

Ⓐははっきりさせること、Ⓑは悪いところを明らかにすること

第1章　ウッカリでは済まされない、"同音異義語"漢字誤変換282

□いぎ

Ⓐ 異義

Ⓑ 異議

Ⓐ同音いぎ語
Ⓑいぎの申し立て

Ⓐは他と違った意味のこと、Ⓑは他と違った意見のこと

□かいとう

Ⓐ 解答

Ⓑ 回答

Ⓐかいとう用紙を配る
Ⓑアンケートにかいとうする

Ⓐは問題を解いて答えること、Ⓑは返事のこと

□ちょうせい

Ⓐ 調製

Ⓑ 調整

Ⓐ洋服をちょうせいする
Ⓑ機械をちょうせいする

Ⓐは注文どおりに作ること、Ⓑは調子を整えて正しくすること

□しゅうせい

Ⓐ 修正

Ⓑ 修整

Ⓐ軌道をしゅうせいする
Ⓑ写真をしゅうせいする

Ⓐは正しくなおすこと、Ⓑは写真に手を入れること

□おんわ

Ⓐ 温和

Ⓑ 穏和

Ⓐおんわな気候
Ⓑおんわな人柄

ⒶもⒷもおだやかなこと、気候についてはⒶを使う

31

□ しゅうりょう
  Ⓐ 修了
  Ⓑ 終了

Ⓐしゅうりょう証書
Ⓑ試合しゅうりょう

Ⓐは学業を終えること、
Ⓑはすっかり終わること

□ きうん
  Ⓐ 機運
  Ⓑ 気運

Ⓐ政治改革のきうんが熟する
Ⓑ反公害のきうんが高まる

Ⓐはちょうど良い時期のこと、
Ⓑは世の中の動きのなりゆき

□ かてい
  Ⓐ 過程
  Ⓑ 過課程

Ⓐ生産かてい
Ⓑ教職かてい

Ⓐはプロセスのこと、Ⓑは学習
しなければならない範囲のこと

□ かくてい
  Ⓐ 確定
  Ⓑ 画定

Ⓐかくてい申告をする
Ⓑ境界をかくていする

Ⓐは間違いなく決めること、
Ⓑは区切りをはっきり定めること

□ ふしん
  Ⓐ 不信
  Ⓑ 不審

Ⓐふしんの念をいだく
Ⓑふしんな火事

Ⓐは信用しないこと、
Ⓑは疑わしいこと

第1章　ウッカリでは済まされない、"同音異義語"漢字誤変換282

□しゅうきょく
- Ⓐ 終局
- Ⓑ 終極

Ⓐ事件のしゅうきょく
Ⓑしゅうきょくの目的

Ⓐは落着すること、Ⓑはとどのつまりのこと

□せいてん
- Ⓐ 晴天
- Ⓑ 青天

Ⓐせいてんに恵まれる
Ⓑせいてんが目にしみる

Ⓐは良い天気のこと、Ⓑは青く澄んだ空のこと

□せいさん
- Ⓐ 清算
- Ⓑ 精算

Ⓐ借金のせいさんをする
Ⓑ出張費のせいさんをする

Ⓐは貸借の始末をすること、Ⓑはこまかい計算をすること

□せじ
- Ⓐ 世辞
- Ⓑ 世事

Ⓐおせじがうまい
Ⓑせじにうとい

Ⓐは愛想の良い言葉のこと、Ⓑは世の中のできごとのこと

□こうい
- Ⓐ 厚意
- Ⓑ 好意

Ⓐ人のこういをむだにする
Ⓑ彼女にこういを持つ

Ⓐは親切な心のこと、Ⓑは人に対して持つ良い感じのこと

点をつけるか?
迷い始めれば、ますますわからない

「点ってあったっけ?」誰でも一度は迷ったことがあるのではないでしょうか。
　次の漢字はどちらが正しいでしょうか?

博 ── 博	舗 ── 舗
専 ── 専	簿 ── 簿
徳 ── 徳	救 ── 救
恵 ── 恵	球 ── 球
述 ── 述	伏 ── 伏
補 ── 補	式 ── 式
薄 ── 薄	就 ── 就
縛 ── 縛	術 ── 術
敷 ── 敷	茂 ── 茂

答　右は全部誤っています。
点のいらない漢字は専・恵・徳の3つ、その他はみな点つき。

STEP 3

常識としておさえておきたい、漢字変換ミス

Q 変換ミスはどれ?

真理の探究にうちこむ
私意的な解釈
東京都の公安条令
合格を請願する
国民の享有財産
作意のあとがみえる

[答えは本文を]

□ しんてん
- Ⓐ 伸展
- Ⓑ 進展

Ⓐ 事業がしんてんする
Ⓑ 話し合いがしんてんする

Ⓐは勢力が伸びること、
Ⓑは物事が進みはかどること

□ じゅけん
- Ⓐ 受験
- Ⓑ 受検

Ⓐ 司法試験をじゅけんする
Ⓑ 検定試験をじゅけんする

Ⓐは試験を受けること、
Ⓑは検査を受けること

□ たんきゅう
- Ⓐ 探究
- Ⓑ 探求

Ⓐ 真理のたんきゅうにうちこむ
Ⓑ 人生の意義をたんきゅうする

Ⓐはどこまでも深く調べること、
Ⓑはどこまでも探し求めること

□ えいぞう
- Ⓐ 影像
- Ⓑ 映像

Ⓐ 亡父のえいぞう
Ⓑ テレビのえいぞう

Ⓐは絵や彫刻に表された姿、
Ⓑは光によって映しだされた物体

□ じょうせき
- Ⓐ 定石
- Ⓑ 定跡

Ⓐ・Ⓑ じょうせきを踏む
Ⓐ・Ⓑ じょうせき通りに事を運ぶ

ⒶもⒷも決まったやり方のこと、
特に囲碁はⒶ、将棋はⒷを使う

第1章　ウッカリでは済まされない、"同音異義語"漢字誤変換282

☐ぎしょう
- Ⓐ 偽称
- Ⓑ 偽証

Ⓐ弁護士をぎしょうする
Ⓑぎしょう罪

Ⓐは氏名や身分を偽ること、Ⓑはうその証言をすること

☐しい
- Ⓐ 私意
- Ⓑ 恣意

Ⓐしいをさしはさむ
Ⓑしい的な解釈

Ⓐは自分の考え、Ⓑは自分勝手な考えのこと

☐ちんつう
- Ⓐ 沈痛
- Ⓑ 鎮痛

Ⓐちんつうな面持ち
Ⓑちんつう剤

Ⓐは深い悲しみで痛々しい様子
Ⓑは痛みを押さえること

☐てきよう
- Ⓐ 適用
- Ⓑ 摘要

Ⓐ法律をてきようする
Ⓑてきよう欄

Ⓐは当てはめること、Ⓑは重要な部分の抜き書きのこと

☐かいこ
- Ⓐ 回顧
- Ⓑ 懐古

Ⓐかいこ録
Ⓑかいこ趣味

Ⓐは昔を思い出すこと、Ⓑは昔のことをなつかしむこと

□かんじ
- Ⓐ 幹事
- Ⓑ 監事

Ⓐ同窓会のかんじ
Ⓑ団体のかんじ

Ⓐは世話役のこと、Ⓑは法人の仕事を監督する役のこと

□かんり
- Ⓐ 管理
- Ⓑ 監理

Ⓐアパートのかんり人
Ⓑ設計かんり

Ⓐは責任を持って面倒をみること、Ⓑは監督や指導をすること

□じょうれい
- Ⓐ 条令
- Ⓑ 条例

Ⓐじょうれいに従う
Ⓑ東京都の公安じょうれい

Ⓐは箇条書きにされている法令
Ⓑは地方公共団体が制定する法

□ようご
- Ⓐ 養護
- Ⓑ 擁護

Ⓐようご老人ホーム
Ⓑ憲法ようごの立場

Ⓐは養い守ること、
Ⓑはかばい守ること

□みかん
- Ⓐ 未刊
- Ⓑ 未完

Ⓐみかんの作品集
Ⓑみかんの大器

Ⓐはまだ刊行されていないこと、
Ⓑはまだできあがらないこと

第1章　ウッカリでは済まされない、"同音異義語"漢字誤変換282

□せいがん
- Ⓐ 誓願
- Ⓑ 請願

Ⓐ合格をせいがんする
Ⓑ国会にせいがんする

Ⓐは願かけすること、Ⓑは役所などに願い出ること

□せいいく
- Ⓐ 生育
- Ⓑ 成育

Ⓐ稲のせいいくが悪い
Ⓑサケの稚魚がせいいくする

Ⓐは特に植物が育つこと、Ⓑは人や動物が育つこと

□えいき
- Ⓐ 英気
- Ⓑ 鋭気

Ⓐえいきを養う
Ⓑえいきを蓄える

Ⓐはあふれるような元気のこと、Ⓑは激しい意気込みのこと

□せいき
- Ⓐ 生気
- Ⓑ 精気

Ⓐこの雨でせいきをとりもどす
Ⓑ体にせいきがみなぎる

Ⓐは生き生きとした元気のこと、Ⓑは活動力のこと

□てんぷ
- Ⓐ 添付
- Ⓑ 貼付

Ⓐ領収書をてんぷする
Ⓑ写真をてんぷする

Ⓐは書類などに添えること、Ⓑは貼りつけること

□ しょよう
- Ⓐ 所用
- Ⓑ 所要

Ⓐしょようで外出する
Ⓑしょよう時間

Ⓐは用事のこと、Ⓑは必要とすること

□ しんしょ
- Ⓐ 信書
- Ⓑ 親書

Ⓐしんしょの秘密を守る
Ⓑ大統領のしんしょを渡す

Ⓐは手紙のこと、Ⓑは自分で書いた手紙のこと

□ しゅい
- Ⓐ 主意
- Ⓑ 趣意

Ⓐ文のしゅいをくみとる
Ⓑしゅい書を書く

Ⓐはおもなねらいのこと、Ⓑは目的や意見のこと

□ しゅし
- Ⓐ 主旨
- Ⓑ 趣旨

Ⓐ判決理由のしゅし
Ⓑ法案のしゅし説明

Ⓐはその文章の主なねらい、Ⓑは目的や理由のこと

□ しゅうよう
- Ⓐ 収用
- Ⓑ 収容

Ⓐ土地しゅうよう法
Ⓑこのホールのしゅうよう人員

Ⓐは国が取り上げて使用すること、Ⓑはまとめて入れること

第1章　ウッカリでは済まされない、"同音異義語"漢字誤変換 282

□けいすう
- Ⓐ **係数**
- Ⓑ **計数**

Ⓐけいすうをかける
Ⓑけいすうに明るい人

Ⓐは数学で変数にかけられた数字や記号、Ⓑは計算のこと

□きじゅん
- Ⓐ **基準**
- Ⓑ **規準**

Ⓐ採点のきじゅん
Ⓑ道徳のきじゅん

Ⓐは判断をする目当てのこと、Ⓑは従うべき標準となるもの

□かぎょう
- Ⓐ **家業**
- Ⓑ **稼業**

Ⓐかぎょうの酒屋を継ぐ
Ⓑ人気かぎょう

Ⓐはその家の職業のこと、Ⓑは生活の手段としての職業のこと

□ひょうき
- Ⓐ **表記**
- Ⓑ **標記**

Ⓐ住所をひょうきする
Ⓑひょうきの件について

Ⓐはおもてに書きしるすこと、Ⓑは見出しとして書くこと

□どうし
- Ⓐ **同士**
- Ⓑ **同志**

Ⓐいとこどうし
Ⓑどうしを集める

Ⓐは同じ仲間のこと、Ⓑは同じ考えや目的を持つ仲間のこと

□ ちょうしゅう
- Ⓐ 徴 収
- Ⓑ 徴 集

Ⓐ 税金をちょうしゅうする
Ⓑ 兵員をちょうしゅうする

Ⓐはお金を集めること、Ⓑは人や物を集めること

□ しょうしゅう
- Ⓐ 召 集
- Ⓑ 招 集

Ⓐ 国会のしょうしゅう
Ⓑ 株主総会をしょうしゅうする

Ⓐは地位の高い者が呼び集めること、Ⓑは集まってもらうこと

□ きょうゆう
- Ⓐ 共 有
- Ⓑ 享 有

Ⓐ 国民のきょうゆう財産
Ⓑ すぐれた才能をきょうゆうする

Ⓐは共同で持つこと、Ⓑは生まれながらに持っていること

□ しんどう
- Ⓐ 振 動
- Ⓑ 震 動

Ⓐ 振り子のしんどう
Ⓑ 地震のしんどう

Ⓐは揺れ動くこと、Ⓑは特に自然現象の揺れに使う

□ しゅせき
- Ⓐ 首 席
- Ⓑ 主 席

Ⓐ しゅせきで卒業する
Ⓑ 毛沢東しゅせき

Ⓐは成績が一番のこと、Ⓑは一番偉い地位のこと

第1章　ウッカリでは済まされない、"同音異義語"漢字誤変換282

□さいけつ
- Ⓐ 採決
- Ⓑ 裁決

Ⓐさいけつを強行する
Ⓑ社長のさいけつを仰ぐ

Ⓐは議案の可否を決めること、Ⓑはさばいて決定を下すこと

□さくい
- Ⓐ 作為
- Ⓑ 作意

Ⓐさくいのあとがみえる
Ⓑこの映画のさくいがわからない

Ⓐはわざとらしく作ること、Ⓑは制作意図のこと

□せいさく
- Ⓐ 制作
- Ⓑ 製作

Ⓐ絵のせいさくをする
Ⓑ部品をせいさくする

Ⓐは芸術的作品を作ること、Ⓑは実用的な品物を作ること

□へんせい
- Ⓐ 編成
- Ⓑ 編制

Ⓐ10両へんせいの電車
Ⓑ部隊をへんせいする

Ⓐは小から大へまとめる、Ⓑは全体を分割して組織すること

□きせい
- Ⓐ 既成
- Ⓑ 既製

Ⓐきせいの事実
Ⓑきせい服

Ⓐはすでに現実になったもの、Ⓑは前もって作ってあるもの

□かんち
- Ⓐ 感知
- Ⓑ 関知

Ⓐ危険をかんちする
Ⓑ私はかんちしない

Ⓐは直観的に感じること、Ⓑは関係があること

□かそう
- Ⓐ 仮想
- Ⓑ 仮装

Ⓐかそう敵国
Ⓑかそう行列

Ⓐは仮にこうだと考えること、Ⓑはふん装すること

□いしゅく
- Ⓐ 畏縮
- Ⓑ 萎縮

Ⓐ気持ちがいしゅくする
Ⓑいしゅくした字

Ⓐは恐れて小さくなること、Ⓑはしぼんで縮むこと

□しもん
- Ⓐ 試問
- Ⓑ 諮問

Ⓐ口頭しもん
Ⓑ総理大臣のしもん機関

Ⓐは質問して試験すること、Ⓑは専門家に意見を求めること

□しゅうち
- Ⓐ 周知
- Ⓑ 衆知

Ⓐしゅうちの事実
Ⓑしゅうちを集める

Ⓐは広く知られていること、Ⓑはたくさんの人の知恵のこと

第1章　ウッカリでは済まされない、"同音異義語"漢字誤変換282

□こうてい
- Ⓐ **工程**
- Ⓑ **行程**

Ⓐ作業こうてい表
Ⓑ一日のこうていの半分歩いた

Ⓐは作業の手順のこと、Ⓑは道のりのこと

□さいご
- Ⓐ **最後**
- Ⓑ **最期**

Ⓐさいごまでやりぬく
Ⓑさいごのことば

Ⓐはいちばん終わりのこと、Ⓑは死ぬ間際のこと

漢字の部首
漢字は分解するとそのルーツが分かってくる

部首（ぶしゅ）というのは、漢字の共通な構成部分をいいます。要するに、漢字の組み立ての共通な部分のことです。部首は大きく分けて「へん」「つくり」「かんむり」「あし」「たれ」「かまえ」「にょう」の7つがあります。

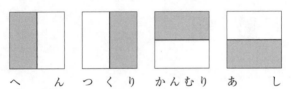

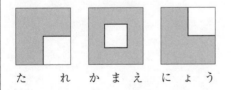

STEP 4

教養が試される、漢字変換ミス

Q 変換ミスはどれ？

精練されたチーム

厚誼を結ぶ

ご清聴願います

往時の面影

大使を本国に召喚する

―――――――――――

[答えは本文を]

□ せいれん
- Ⓐ 精練
- Ⓑ 精錬

Ⓐせいれんされたチーム
Ⓑ銅のせいれん所

Ⓐはよく訓練すること、Ⓑは不純物を取り除くこと

□ ふたく
- Ⓐ 付託
- Ⓑ 負託

Ⓐ委員会にふたくする
Ⓑ国民のふたくにこたえる

Ⓐは頼んで任せること、Ⓑは責任を持たせて任せること

□ えんぜん
- Ⓐ 宛然
- Ⓑ 婉然

Ⓐえんぜんとして真に迫る
Ⓑえんぜんとほほえむ

Ⓐはよく似ていること、Ⓑはしとやかで美しいこと

□ めいぶん
- Ⓐ 名文
- Ⓑ 銘文

Ⓐなかなかのめいぶんである
Ⓑめいぶんを読み取る

Ⓐは優れた文章のこと、Ⓑは石や像に刻みつけられた文のこと

□ めいき
- Ⓐ 銘記
- Ⓑ 明記

Ⓐ心にめいきする
Ⓑ名前をめいきする

Ⓐはしっかり心にとどめておくこと、Ⓑははっきり書くこと

第1章　ウッカリでは済まされない、"同音異義語"漢字誤変換282

□ほうしょう
- Ⓐ 報償
- Ⓑ 報奨

Ⓐ遺族にほうしょうする
Ⓑ善行にほうしょう金を与える

Ⓐは損害を償うこと、Ⓑはほうびのこと

□こうぎ
- Ⓐ 厚誼
- Ⓑ 交誼

Ⓐごこうぎを賜りお礼申し上げます
Ⓑこうぎを結ぶ

Ⓐは手紙文で親しい交わりのこと、Ⓑは親しく交際すること

□ごうき
- Ⓐ 剛毅
- Ⓑ 豪気

Ⓐごうきの士
Ⓑごうきに構える

Ⓐは意志が強いこと、Ⓑは細かいことにこだわらないこと

□きじく
- Ⓐ 基軸
- Ⓑ 機軸

Ⓐきじく通貨
Ⓑ新きじくをうち出す

Ⓐは物事の中心となるもののこと、Ⓑは方式のこと

□むめい
- Ⓐ 無名
- Ⓑ 無銘

Ⓐむめいの新人作家
Ⓑむめいの刀

Ⓐは有名でないこと、Ⓑは刀などに作者名が入っていないこと

□ しゅさい
- Ⓐ 主宰
- Ⓑ 主催

Ⓐ同人誌をしゅさいする
Ⓑ新聞社しゅさいの展覧会

Ⓐはまとめてとりしきること、Ⓑは中心となって催しを開くこと

□ せいちょう
- Ⓐ 清聴
- Ⓑ 静聴

Ⓐごせいちょうを感謝する
Ⓑごせいちょう願います

Ⓐは相手が話を聞いてくれること、Ⓑは静かに聞くこと

□ すいしょう
- Ⓐ 推奨
- Ⓑ 推賞

Ⓐ先生がすいしょうなさった辞書
Ⓑすいしょうに値する行い

Ⓐはほめて人にすすめること、Ⓑは人に向かってほめること

□ いきょう
- Ⓐ 異郷
- Ⓑ 異境

Ⓐいきょうでの生活
Ⓑいきょうの空

Ⓐはふるさとを遠く離れたよその土地、Ⓑは外国のこと

□ こうぎょう
- Ⓐ 興行
- Ⓑ 興業

Ⓐ顔見世こうぎょう
Ⓑ殖産こうぎょう

Ⓐは料金をとって見せること、Ⓑは新しく事業を起こすこと

第1章 ウッカリでは済まされない、"同音異義語"漢字誤変換282

□ふだん
- Ⓐ 不断
- Ⓑ 普段

Ⓐふだんの努力
Ⓑふだん心がけている健康法

Ⓐは絶え間なく続くこと、Ⓑは日頃のこと

□もうしん
- Ⓐ 妄信
- Ⓑ 盲信

Ⓐ宣伝文句をもうしんする
Ⓑ人の言葉をもうしんする

Ⓐは軽率に信じ込むこと、Ⓑはわけもわからず信じること

□しゅくせい
- Ⓐ 粛清
- Ⓑ 粛正

Ⓐ不満分子をしゅくせいする
Ⓑ綱紀をしゅくせいする

Ⓐは反対者を追放すること、Ⓑはきびしく不正を正すこと

□きょうはく
- Ⓐ 強迫
- Ⓑ 脅迫

Ⓐきょうはく観念
Ⓑきょうはく罪

Ⓐは無理に迫ること、Ⓑは脅して実行を迫ること

□いりゅう
- Ⓐ 慰留
- Ⓑ 遺留

Ⓐ辞職をいりゅうする
Ⓑ現場に残されたいりゅう品

Ⓐはなだめて引き止めること、Ⓑは置き忘れること

□ しれい
- Ⓐ 司令
- Ⓑ 指令

Ⓐ しれい官
Ⓑ しれい書

Ⓐは軍隊で指揮や監督をすること、Ⓑは指揮や命令のこと

□ くじゅう
- Ⓐ 苦汁
- Ⓑ 苦渋

Ⓐ くじゅうをなめる
Ⓑ くじゅうに満ちた表情

Ⓐは苦い経験のこと、Ⓑはものごとがうまくいかず悩むこと

□ せいひ
- Ⓐ 正否
- Ⓑ 成否

Ⓐ事のせいひを判断する
Ⓑここがせいひの別れ目である

Ⓐは正しいかどうかということ、Ⓑは成功するか否かということ

□ ちょっかん
- Ⓐ 直感
- Ⓑ 直観

Ⓐ危険をちょっかんする
Ⓑ真理をちょっかんする

Ⓐは本能的に分かること、Ⓑは直接ものの本質をとらえること

□ しょくりょう
- Ⓐ 食料
- Ⓑ 食糧

Ⓐしょくりょう品店
Ⓑしょくりょう事情

Ⓐは主食以外の食物のこと、Ⓑは米や麦などの主食のこと

第1章　ウッカリでは済まされない、"同音異義語"漢字誤変換282

□かんさ
- Ⓐ 監査
- Ⓑ 鑑査

Ⓐ会計かんさがある
Ⓑ出品作品をかんさする

Ⓐは監督し検査すること、Ⓑはよく見て評価を下すこと

□きょうき
- Ⓐ 狂喜
- Ⓑ 驚喜

Ⓐ優勝にきょうきする
Ⓑ恩師との再会にきょうきする

Ⓐは大喜びすること、Ⓑは思いがけないことに喜ぶこと

□きょうえん
- Ⓐ 共演
- Ⓑ 競演

Ⓐ東西の人気女優がきょうえんする
Ⓑ東西の人気女優がきょうえんする

Ⓐは演技を共にすること、Ⓑは演技の優劣を競うこと

□おうじ
- Ⓐ 往事
- Ⓑ 往時

Ⓐおうじをなつかしむ
Ⓑおうじの面影

Ⓐは昔の出来事のこと、Ⓑは過ぎ去った時のこと

□げんけい
- Ⓐ 原形
- Ⓑ 原型

Ⓐげんけいをとどめない
Ⓑげんけいをとる

Ⓐはもとの形のこと、Ⓑは製作物のもとになる型のこと

53

□ れんけい
- Ⓐ 連係
- Ⓑ 連携

Ⓐ 内野のれんけいプレー
Ⓑ 各県警がれんけいして捜査する

Ⓐはつながりのこと、Ⓑは協力して事を行うこと

□ きてい
- Ⓐ 規定
- Ⓑ 規程

Ⓐ 法令できていする
Ⓑ 服務きてい

Ⓐは法令の条文や条項のこと、Ⓑは規則のこと

□ かりょう
- Ⓐ 科料
- Ⓑ 過料

Ⓐ 罰金より軽いかりょう
Ⓑ かりょうの徴集

Ⓐは刑法で軽い罪に対して出せるお金、Ⓑは行政上のもの

□ かんさつ
- Ⓐ 監察
- Ⓑ 観察

Ⓐ 会社の経営をかんさつする
Ⓑ 自然をかんさつする

Ⓐは取り締まること、Ⓑはありのままの姿をよく見ること

□ かくしん
- Ⓐ 核心
- Ⓑ 確信

Ⓐ 事件のかくしんに迫る
Ⓑ かくしんを得る

Ⓐは物事の中心の部分のこと、Ⓑは信じて疑わないこと

第1章　ウッカリでは済まされない、"同音異義語"漢字誤変換282

□ろじ
- Ⓐ 露地
- Ⓑ 路地

Ⓐろじ栽培
Ⓑろじ裏

Ⓐは屋根のない土地のこと、Ⓑは家と家の間の狭い道路のこと

□しょうかん
- Ⓐ 召喚
- Ⓑ 召還

Ⓐ犯人をしょうかんする
Ⓑ大使を本国にしょうかんする

Ⓐは役所の呼び出しのこと、Ⓑは命令によって呼び戻すこと

□しこう
- Ⓐ 志向
- Ⓑ 指向

Ⓐ平和国家の建設をしこうする
Ⓑしこう性アンテナ

Ⓐはこうありたいと思うこと、Ⓑは決まった方向に向かうこと

□きょくげん
- Ⓐ 極限
- Ⓑ 局限

Ⓐ緊張がきょくげんに達する
Ⓑ地域がきょくげんされる

Ⓐはぎりぎりであること、Ⓑは狭い範囲に限ること

□しゅっしょ
- Ⓐ 出処
- Ⓑ 出所

Ⓐしゅっしょ進退を明らかにする
Ⓑ噂のしゅっしょ

Ⓐは身の振り方のこと、Ⓑは出てくること

55

□ しゅぎょう
- Ⓐ 修行
- Ⓑ 修業

Ⓐ 武者しゅぎょう
Ⓑ 花嫁しゅぎょう

Ⓐは努力して学ぶこと、Ⓑは稽古のこと

□ ゆうせい
- Ⓐ 優性
- Ⓑ 優勢

Ⓐ ゆうせい遺伝
Ⓑ ぼくらのチームがゆうせいだ

Ⓐは子に受け継がれる遺伝質、Ⓑは勢いがまさっていること

□ ようこう
- Ⓐ 要項
- Ⓑ 要綱

Ⓐ 募集ようこう
Ⓑ 法案のようこう

Ⓐは必要事項のこと、Ⓑは重要事項をまとめたもののこと

□ はいふ
- Ⓐ 配布
- Ⓑ 配付

Ⓐ チラシをはいふする
Ⓑ 答案用紙をはいふする

Ⓐは多くの人に配ること、Ⓑはひとりひとりに配ること

□ じにん
- Ⓐ 自認
- Ⓑ 自任

Ⓐ 失敗をじにんする
Ⓑ 天才をじにんする

Ⓐは自分で認めること、Ⓑは自分で思い込むこと

第1章 ウッカリでは済まされない、"同音異義語"漢字誤変換282

☐ じせい
- Ⓐ 時世
- Ⓑ 時勢

Ⓐじせいが悪くなる
Ⓑじせいに後れる

Ⓐは世の中とか時代のこと、Ⓑは時代の推移のこと

☐ じせい
- Ⓐ 自制
- Ⓑ 自省

Ⓐあの人はじせい心に欠ける
Ⓑじせいの念がおきる

Ⓐは自分の気持ちを押さえること、Ⓑは自分で反省すること

☐ さくせい
- Ⓐ 作成
- Ⓑ 作製

Ⓐレポートをさくせいする
Ⓑテーブルをさくせいする

Ⓐは書類や計画を作ること、Ⓑは物を作り出すこと

漢字の部首名
漢字の説明ができれば、一目おかれる！

漢字の部首名は130くらいあります。全部の名前を覚えておく必要はありませんが、電話などで漢字を説明したりするときに力の差を発揮できます。

● このくらいは知っておいたほうがいいでしょう。

- □ 阝 ―こざとへん　　陸
- □ 扌 ―しょうへん　　将
- □ 歹 ―がつへん　　　残
- □ 酉 ―とりへん　　　配
- □ 犭 ―けものへん　　猿
- □ 刂 ―りっとう　　　割
- □ 斤 ―おのづくり　　断
- □ 卩 ―ふしづくり　　印
- □ 欠 ―あくび　　　　次
- □ 頁 ―おおがい　　　順
- □ 癶 ―はつがしら　　登
- □ 虍 ―とらがしら　　虎
- □ 心 ―したごころ　　思
- □ 灬 ―れんが　　　　煮
- □ 衣 ―ころもあし　　袋
- □ 匚 ―かくしがまえ　区
- □ 勹 ―つつみがまえ　包
- □ 儿 ―にんにょう　　兄
- □ 廴 ―いんにょう　　建
- □ 走 ―そうにょう　　超

STEP 5

同じ発音でもこんなに意味が違う！漢字変換ミス

Q 正解はどれ?

挙手によるひょうけつ
【表決】【票決】【評決】

げんじょうに復する
【原状】【現状】【現場】

しゅうぎょう証書をもらう
【修業】【終業】【就業】

[答えは本文を]

□ そくせい
- Ⓐ 即製
- Ⓑ 促成
- Ⓒ 速成

Ⓐ そくせいの料理が多い
Ⓑ そくせい栽培のトマト
Ⓒ 通訳をそくせい訓練する

Ⓐはすぐに作ること、Ⓑは人工的に早く生長させること、Ⓒは短期間に成しとげること

□ おじ
- Ⓐ 伯父
- Ⓑ 叔父
- Ⓒ 小父

Ⓐ おじは母より三歳年上だ
Ⓑ おじは母より三歳年下だ
Ⓒ お隣のおじさん

Ⓐは父または母の兄のこと、Ⓑは父または母の弟のこと、Ⓒは血縁以外の中年男性のこと

□ おば
- Ⓐ 伯母
- Ⓑ 叔母
- Ⓒ 小母

Ⓐ おばは母より三歳年上だ
Ⓑ おばは母より三歳年下だ
Ⓒ お隣のおばさん

Ⓐは父または母の姉のこと、Ⓑは父または母の妹のこと、Ⓒは血縁以外の中年女性のこと

□ たいしょう
- Ⓐ 対象
- Ⓑ 対照
- Ⓒ 対称

Ⓐ 幼児をたいしょうにした本
Ⓑ 貸借たいしょう表
Ⓒ 左右たいしょうな建物

Ⓐは相手のこと、Ⓑは二つの物を照らし合わせること、Ⓒは中心から左右全く同じ様子のこと

第1章 ウッカリでは済まされない、"同音異義語"漢字誤変換282

□ こうせい
Ⓐ 更正
Ⓑ 更生
Ⓒ 更厚

Ⓐ議員定数をこうせいする
Ⓑ会社こうせい法
Ⓒ福利こうせい施設

Ⓐは改め正すこと、Ⓑはもう一度使えるようにすること、Ⓒは生活を豊かにすること

□ へいこう
Ⓐ 平行
Ⓑ 並行
Ⓒ 平衡

Ⓐ議論がへいこう線をたどる
Ⓑへいこう輸入
Ⓒへいこう感覚

Ⓐは交わらないこと、Ⓑは二つ以上のものが並んで行くこと、Ⓒはつり合うこと

□ ひょうけつ
Ⓐ 表決
Ⓑ 票決
Ⓒ 評決

Ⓐ挙手によるひょうけつ
Ⓑひょうけつの結果
Ⓒ陪審員のひょうけつが出る

Ⓐは議案に対して賛否の意思を示すこと、Ⓑは投票で決めること、Ⓒは評議して決めること

□ ほそく
Ⓐ 補足
Ⓑ 補則
Ⓒ 捕捉

Ⓐほそく説明をする
Ⓑほそくを付ける
Ⓒ逃げたサルをほそくする

Ⓐは付け加えること、Ⓑは付け加えた規則のこと、Ⓒは捕まえること

☐ ほしょう
- Ⓐ 保障
- Ⓑ 保証
- Ⓒ 補償

Ⓐ 日米安全ほしょう条約
Ⓑ 身元ほしょう人
Ⓒ 交通事故のほしょう金

Ⓐは責任を持って守ること、Ⓑは確かだと請け合うこと、Ⓒは損害を償うこと

☐ かたみ
- Ⓐ 片身
- Ⓑ 形見
- Ⓒ 肩身

Ⓐ かつおをかたみで買う
Ⓑ 母のかたみの着物
Ⓒ この子のおかげでかたみが狭い

Ⓐは体の半分のこと、Ⓑは記念や思い出となる品物のこと、Ⓒは体面のこと

☐ かじゅう
- Ⓐ 加重
- Ⓑ 荷重
- Ⓒ 過重

Ⓐ さらに5グラムかじゅうする
Ⓑ かじゅうオーバーのトラック
Ⓒ 責任がかじゅうだ

Ⓐはさらに重くすること、Ⓑは荷物の重さのこと、Ⓒは重すぎること

☐ げんじょう
- Ⓐ 原状
- Ⓑ 現状
- Ⓒ 現場

Ⓐ げんじょうに復する
Ⓑ げんじょう打破
Ⓒ 事件のげんじょう

Ⓐは初めの状態のこと、Ⓑは現在の状態のこと、Ⓒは事件や事故が実際に起こった場所のこと

第1章 ウッカリでは済まされない、"同音異義語"漢字誤変換282

□こうき
- Ⓐ 校紀
- Ⓑ 校規
- Ⓒ 綱紀

Ⓐこうきが乱れる
Ⓑこうきを守る
Ⓒこうきを粛正する

Ⓐは学校内の規律のこと、Ⓑは校則のこと、Ⓒは国家を治める秩序のこと

□じゅしょう
- Ⓐ 授章
- Ⓑ 受賞
- Ⓒ 授賞

Ⓐ文化勲章のじゅしょう式
Ⓑ直木賞じゅしょう作
Ⓒ絵画コンクールのじゅしょう式

Ⓐは勲章などを与えること、Ⓑは賞をもらうこと、Ⓒは賞を与えること

□しゅうぎょう
- Ⓐ 修業
- Ⓑ 終業
- Ⓒ 就業

Ⓐしゅうぎょう証書をもらう
Ⓑ土曜は12時でしゅうぎょうだ
Ⓒしゅうぎょう規則に従う

Ⓐは習って身につけること、Ⓑはその日の仕事を終えること、Ⓒは仕事に就くこと

□きょくち
- Ⓐ 局地
- Ⓑ 極地
- Ⓒ 極致

Ⓐきょくち的な大雨
Ⓑきょくち観測
Ⓒ美のきょくち

Ⓐは限られた土地のこと、Ⓑは最果ての土地のこと、Ⓒはもうこの上はないという状態のこと

□ ついきゅう
- Ⓐ 追究
- Ⓑ 追求
- Ⓒ 追及

Ⓐ 真理をついきゅうする
Ⓑ 利潤をついきゅうする
Ⓒ 事故の責任をついきゅうする

Ⓐは学問などを調べつくすこと、Ⓑは手に入れようと追い求めること、Ⓒは追いつめること

□ たいせい
- Ⓐ 体制
- Ⓑ 態勢
- Ⓒ 体勢

Ⓐ 資本主義たいせい
Ⓑ 受け入れたいせい
Ⓒ 有利なたいせい

Ⓐは個々がまとまって一つの働きをするしくみ、Ⓑはいつでもできる状態、Ⓒは体の構え

STEP 6

きちんと使い分けられていますか?
漢字変換ミス

Q 正解はどれ?

怒りを顔にあらわす
【表す】【現す】【著す】

心をうつ美しい話
【打つ】【撃つ】【討つ】

自らをかえりみる
【顧みる】【省みる】

[答えは本文を]

□あう
- Ⓐ 合う
- Ⓑ 会う
- Ⓒ 遭う

Ⓐ計算があう
Ⓑ得意先とあう
Ⓒにわか雨にあう

> Ⓐは狂いがないこと、Ⓑはお互いに顔を見ること、Ⓒはたまたま出くわすこと

□あげる
- Ⓐ 上げる
- Ⓑ 挙げる
- Ⓒ 揚げる

Ⓐ利益をあげる
Ⓑ具体的な例をあげる
Ⓒ国旗をあげる

> Ⓐは今までより高めること、Ⓑは示すこと、Ⓒは高いところに移すこと

□あたい
- Ⓐ 価
- Ⓑ 値

Ⓐ・Ⓑあたい千金
Ⓑ未知数のあたいを求めよ

> ⒶもⒷも値段、値打ちのこと、Ⓑは特に計算した数字に使う

□あたたか
- Ⓐ 暖か
- Ⓑ 温か

Ⓐ・Ⓑあたたかな気候
Ⓑあたたかな家庭

> Ⓑは生きもの、水分のある物、気持ちなどに使われる

第1章　ウッカリでは済まされない、"同音異義語"漢字誤変換282

□あつい
- Ⓐ 暑い
- Ⓑ 熱い

Ⓐ夏はあつい
Ⓑあつい仲

Ⓐ気温が高いこと、Ⓑは感情が高まっている様子のこと

□あてる
- Ⓐ 当てる
- Ⓑ 充てる

Ⓐ犯人をあてる
Ⓑ予備費を不足分にあてる

Ⓐは見当をつけて言うこと、Ⓑは足りないところをうめること

□あぶら
- Ⓐ 油
- Ⓑ 脂

Ⓐあぶらを売る
Ⓑ鼻のあぶら

Ⓐは植物性、Ⓑは動物性、また体の表面からにじみ出るもの

□あやまる
- Ⓐ 誤る
- Ⓑ 謝る

Ⓐ対応をあやまる
Ⓑ手落ちをあやまる

Ⓐは間違えること、Ⓑは悪かったという気持ちを伝えること

□あらい
- Ⓐ 荒い
- Ⓑ 粗い

Ⓐ金遣いがあらい
Ⓑ仕事があらい

Ⓐは激しいこと、Ⓑはおおまかでていねいでないこと

□あらわす
- Ⓐ 表す
- Ⓑ 現す
- Ⓒ 著す

Ⓐ怒りを顔にあらわす
Ⓑ姿をあらわす
Ⓒ書物をあらわす

Ⓐは心の中を表情に出すこと、Ⓑは人前に姿を出すこと、Ⓒは文章を本にすること

□ある
- Ⓐ 有る
- Ⓑ 在る

Ⓐチャンスがある
Ⓑ責任は私にある

Ⓐは物事があるかないか、Ⓑはどこにあるかをいう

□いたむ
- Ⓐ 痛む
- Ⓑ 悼む
- Ⓒ 傷む

Ⓐ心がいたむ
Ⓑ旧友の死をいたむ
Ⓒ屋根がいたむ

Ⓐはつらい気持ちになること、Ⓑは悲しい気持ちになること、Ⓒは傷がつくこと

□いる
- Ⓐ 入る
- Ⓑ 要る

Ⓐ念がいる
Ⓑ返事がいる

Ⓐははいること、Ⓑは必要であること

第1章　ウッカリでは済まされない、"同音異義語"漢字誤変換282

□うたう
- Ⓐ 歌う
- Ⓑ 謡う

Ⓐ第九をうたう
Ⓑ民謡をうたう

Ⓐは洋楽、
Ⓑは邦楽に使う

□うつ
- Ⓐ 打つ
- Ⓑ 撃つ
- Ⓒ 討つ

Ⓐ心をうつ美しい話
Ⓑピストルでうつ
Ⓒかたきをうつ

Ⓐは感動させること、Ⓑは弾丸を発射すること、Ⓒは武器で相手を負かすこと

□うむ
- Ⓐ 生む
- Ⓑ 産む

Ⓐ・Ⓑ子どもをうむ
Ⓐ・Ⓑ利益をうむ

Ⓐも Ⓑも出産すること、新しいものを作り出すこと

□うれい
- Ⓐ 憂い
- Ⓑ 愁い

Ⓐ後顧のうれい
Ⓑうれいを帯びた顔

Ⓐは心配のこと、Ⓑは悲しみでゆううつなこと

□おかす
- Ⓐ 犯
- Ⓑ 冒
- Ⓒ 侵

Ⓐ罪をおかす
Ⓑ危険をおかす
Ⓒ領海をおかす

Ⓐは法律や規則を破ること、Ⓑは押し切ること、Ⓒは他人の領分をじゃますること

□おくる
- Ⓐ 送
- Ⓑ 贈

Ⓐお金をおくる
Ⓑ勲章をおくる

Ⓐは届けること、Ⓑはプレゼントをすること

□おこす
- Ⓐ 起
- Ⓑ 興

Ⓐ革命をおこす
Ⓑ会社をおこす

Ⓐは今までにない状況にすること、Ⓑは新しく作ること

□おさまる
- Ⓐ 収
- Ⓑ 治
- Ⓒ 納

Ⓐ腹の虫がおさまる
Ⓑ国がおさまる
Ⓒ社長におさまる

Ⓐは気持ちが落ち着くこと、Ⓑはおだやかに落ち着くこと、Ⓒはある地位に落ち着くこと

第1章　ウッカリでは済まされない、"同音異義語"漢字誤変換282

□おす
- Ⓐ 押す
- Ⓑ 推す

Ⓐベルをおす
Ⓑ会長候補におす

Ⓐは向こうへ力を加えること、Ⓑは皆にすすめること

□おどる
- Ⓐ 踊る
- Ⓑ 躍る

Ⓐディスコでおどる
Ⓑ心がおどる

Ⓐは音楽に合わせて動くこと、Ⓑはわくわくすること

□おもて
- Ⓐ 表
- Ⓑ 面

Ⓐ裏もおもてもない人
Ⓑおもてを上げる

Ⓐは人に見える所のこと、Ⓑは顔の古い言い方

□おろす
- Ⓐ 降ろす
- Ⓑ 下ろす
- Ⓒ 卸す

Ⓐ主役からおろす
Ⓑ貯金をおろす
Ⓒデパートにおろす

Ⓐは上から下へ移すこと、Ⓑはしまっておいたものを出すこと、Ⓒは小売り商に売り渡すこと

71

□かえりみる
- Ⓐ 顧みる
- Ⓑ 省みる

Ⓐ家庭をかえりみる
Ⓑ自らをかえりみる

Ⓐは気にかけること、Ⓑは反省すること

□かえる
- Ⓐ 変える
- Ⓑ 換える
- Ⓒ 代える
- Ⓓ 替える

Ⓐ髪型をかえる
Ⓑ古新聞をちり紙にかえる
Ⓒあいさつにかえる
Ⓓ畳をかえる

Ⓐは変化させること、Ⓑは交換すること、Ⓒは他のものの役目をさせること、Ⓓは今までのものから新しいものにすること

□かた
- Ⓐ 形
- Ⓑ 型

Ⓐ卵がたの顔
Ⓑ柔道のかた

Ⓐは物のかたちのこと、Ⓑは基本になるやり方のこと

□かたい
- Ⓐ 堅い
- Ⓑ 硬い
- Ⓒ 固い

Ⓐかたい木
Ⓑかたい表情
Ⓒ頭がかたい

Ⓐは外部の力で形が変化しないこと、Ⓑは面白みがないこと、Ⓒは考えが絶対変わらないこと

第1章　ウッカリでは済まされない、"同音異義語"漢字誤変換282

□かわ
Ⓐ 皮
Ⓑ 革

Ⓐワニのかわ
Ⓑかわ靴

Ⓐは動植物の外側をおおうもの
Ⓑは動物の皮をなめしたもの

□かわく
Ⓐ 乾く
Ⓑ 渇く

Ⓐ洗濯物がかわく
Ⓑのどがかわく

Ⓐは水分がなくなること、
Ⓑは水分がほしい状態のこと

□きく
Ⓐ 聞く
Ⓑ 聴く

Ⓐ不審な物音をきく
Ⓑ音楽をきく

ⒶよりもⒷの方が聞こうとする気持ちが強い

□きく
Ⓐ 効く
Ⓑ 利く

Ⓐ薬がきく
Ⓑ機転がきく

Ⓐは効き目があること、Ⓑはじゅうぶんな働きをすること

□こす
Ⓐ 越す
Ⓑ 超す

Ⓐ年をこす
Ⓑ百人をこす

Ⓐはある時点を過ぎること、
Ⓑは超過すること

□さがす
- Ⓐ 捜す
- Ⓑ 探す

Ⓐ落とし物をさがす
Ⓑ宝をさがす

Ⓐは見付けだそうとする、Ⓑは見付けて手に入れようとする

□しめる
- Ⓐ 締める
- Ⓑ 閉める
- Ⓒ 絞める

Ⓐねじでしめる
Ⓑ門をしめる
Ⓒ首をしめる

Ⓐは動かないようにおさえること、Ⓑはすきまのないようにすること、Ⓒは強い力で絞ること

□すすめる
- Ⓐ 進める
- Ⓑ 薦める
- Ⓒ 勧める

Ⓐ工事をすすめる
Ⓑ候補者としてすすめる
Ⓒ出席をすすめる

Ⓐは進行させること、Ⓑは推薦すること、Ⓒは相手を積極的に誘うこと

□そう
- Ⓐ 沿う
- Ⓑ 添う

Ⓐ線路にそって国道が続く
Ⓑ影の形にそうように

Ⓐはある物のわきを離れずに続くこと、Ⓑはくっついていること

□そなえる

- Ⓐ **備**える
- Ⓑ **供**える

Ⓐ教室に英語の辞書をそなえる
Ⓑ線香をそなえる

> Ⓐは必要なものをそろえておくこと、Ⓑは神仏にささげること

□つける

- Ⓐ **付**ける
- Ⓑ **就**ける
- Ⓒ **着**ける

Ⓐリボンをつける
Ⓑ議長の役につける
Ⓒ船を岸壁につける

> Ⓐはくっつけること、Ⓑは役や仕事を与えること、Ⓒは到着させること

□つつしむ

- Ⓐ **慎**む
- Ⓑ **謹**む

Ⓐ行動をつつしむ
Ⓑつつしんで聞く

> Ⓐは調子にのって出しゃばらないこと、Ⓑはうやうやしいこと

□つとめる

- Ⓐ **努**める
- Ⓑ **務**める
- Ⓒ **勤**める

Ⓐ人前で泣かないようにつとめる
Ⓑ主役をつとめる
Ⓒ会社につとめる

> Ⓐはがんばること、Ⓑは任務を受け持つこと、Ⓒは会社などに行って働くこと

□ ととのえる
- Ⓐ 整える
- Ⓑ 調える

Ⓐ服装をととのえる
Ⓑ書類をととのえる

Ⓐはきちんとすること、Ⓑは不足がないように用意をすること

□ とまる
- Ⓐ 止まる
- Ⓑ 泊まる
- Ⓒ 留まる

Ⓐ水道がとまる
Ⓑ船が港にとまる
Ⓒ小鳥が枝にとまっている

Ⓐは動かなくなること、Ⓑは船が港に入ったまま動かずにいること、Ⓒは動かずにいること

□ とる
- Ⓐ 取る
- Ⓑ 採る
- Ⓒ 捕る
- Ⓓ 執る

Ⓐわたしのことばを悪くとる
Ⓑ新卒者をとる
Ⓒねずみをとる
Ⓓ事務をとる

Ⓐは解釈すること、Ⓑは採用すること、Ⓒはつかまえること、Ⓓは仕事をすること

第1章　ウッカリでは済まされない、"同音異義語"漢字誤変換282

□ない
- Ⓐ 無い
- Ⓑ 亡い

Ⓐ元気がない
Ⓑなき母の形見

Ⓐは欠けていること、
Ⓑはすでに死んでいないこと

□なおす
- Ⓐ 直す
- Ⓑ 治す

Ⓐ漢字の誤りをなおす
Ⓑかぜをなおす

Ⓐは悪いところを正しくすること、
Ⓑは病気やけがを癒すこと

□のせる
- Ⓐ 乗せる
- Ⓑ 載せる

Ⓐ口車にのせる
Ⓑ文芸誌に短歌をのせる

Ⓐは車や船などに積むこと、
Ⓑは記事にすること

□ はかる
- Ⓐ 図る
- Ⓑ 計る
- Ⓒ 測る
- Ⓓ 量る

Ⓐ 合理化をはかる
Ⓑ 時間をはかる
Ⓒ 標高をはかる
Ⓓ 体重をはかる

Ⓐは計画すること、Ⓑは長さや温度などを調べること、Ⓒは長さや速さなどを機械を使って調べること、Ⓓは道具や機械を使って重さや量を調べること

□ はじめ
- Ⓐ 始め
- Ⓑ 初め

Ⓐ 仕事のやりはじめで挫折した
Ⓑ 月のはじめ

Ⓐは物事の最初のところ、Ⓑは新しく物事の始まった時期

□ はやい
- Ⓐ 速い
- Ⓑ 早い

Ⓐ テンポがはやい
Ⓑ でかけるにはまだはやい

Ⓐは動きが急なこと、Ⓑは時刻に使う

第1章　ウッカリでは済まされない、"同音異義語"漢字誤変換282

□みる
Ⓐ 見る
Ⓑ 診る

Ⓐ遠くの景色をみる
Ⓑ患者の脈をみる

Ⓐは観察、観賞、見物などの意味で使われる、Ⓑは調べること

□もと
Ⓐ 下
Ⓑ 基
Ⓒ 本
Ⓓ 元

Ⓐ親のもと
Ⓑ資料をもとにする
Ⓒもとをただす
Ⓓ火事のもと

Ⓐはそのもののあたりということ、Ⓑは基礎のこと、Ⓒはいちばん大事なところということ、Ⓓは原因のこと

□やわらかい
Ⓐ 柔らかい
Ⓑ 軟らかい

Ⓐやわらかい毛布
Ⓑ表情がやわらかい

Ⓐはふっくらしていること、Ⓑは穏やかな様子のこと

□よい
Ⓐ 良い
Ⓑ 善い

Ⓐ品質がよい
Ⓑよい行いをする

Ⓐはすぐれていること、Ⓑは正しいこと

□ よむ
- Ⓐ 読む
- Ⓑ 詠む

Ⓐ新聞をよむ
Ⓑ俳句をよむ

Ⓐは文章を見て理解すること、Ⓑは俳句などを作ること

□ わかれる
- Ⓐ 分かれる
- Ⓑ 別れる

Ⓐ意見がわかれる
Ⓑ夫婦がわかれる

Ⓐは一つのものが別々のものになること、Ⓑは人の場合に使う

□ わざ
- Ⓐ 業
- Ⓑ 技

Ⓐ容易なわざではない
Ⓑわざをみがく

Ⓐは技術のこと、Ⓑは行いや仕事のこと

□ わずらう
- Ⓐ 煩う
- Ⓑ 患う

Ⓐいつまでも思いわずらう
Ⓑ胸をわずらう

Ⓐは悩み、苦しむこと、Ⓑは病気になること

第2章

もう間違わない！

迷いはじめたら、ますますわからなくなる漢字誤変換323

STEP 1

"できる人"は知っている
漢字変換

Q 変換ミスはどれ?

聴聞会に出席する

本を目読する

端的に言えば

絵画の復製

功妙なトリック

[答えは本文を]

	誤	正
□ぼうけん小説を読む	冒検	冒険
□東京は日本のしゅとだ	主都	首都
□審議打ち切りのどうぎ	動義	動議
□いっしゅうきの法事	一週忌	一周忌
□世界の七ふしぎ	不思儀	不思議
□人材をはっくつする	発堀	発掘
□鉱物資源をさいくつする	採堀	採掘
□かいてきな生活	快的	快適
□実力は彼にひってきする	匹適	匹敵
□誤りの箇所をしてきする	指敵	指摘

第2章　迷いはじめたら、ますますわからなくなる漢字誤変換323

	誤	正
□ぎょうせきを挙げる	業積	業績
□不朽のこうせきを残す	功積	功績
□営業せいせきが伸びる	成積	成績
□決算をふんしょくする	紛飾	粉飾
□国境をめぐるふんそう	粉争	紛争
□こもんに就任する	顧門	顧問
□顧客をほうもんする	訪門	訪問
□何かとちゅうもんが多い	注問	注文
□ちょうもん会に出席する	聴問	聴聞
□しもん機関の答申	諮門	諮問

85

	誤	正
□せんもん家の意見	専問	専門
□群衆がさっとうする	殺倒	殺到
□温室でさいばいする	栽倍	栽培
□争いにさいだんを下す	栽断	裁断
□自由さいりょうの範囲	才量	裁量
□そうごんな儀式	壮厳	荘厳
□そうれいな建築物	荘麗	壮麗
□かんぺきを期する	完壁	完璧
□そうへきをなす	双壁	双璧
□技術者をこうぐうする	好遇	厚遇

	誤	正
□ぐうはつ的な事件	遇発	偶発
□奇数とぐうすう	遇数	偶数
□気の毒なきょうぐう	境偶	境遇
□ここで会うとはきぐうだ	奇偶	奇遇
□ぐうぜんと必然	遇然	偶然
□街のいちぐうを照らす	一偶	一隅
□上司のちぐうを得る	知偶	知遇
□たいぐうの改善を要求する	待偶	待遇

	誤	正
□かんにん袋の緒が切れる	勘忍	堪忍
□こうかい先にたたず	後悔	後悔
□せんれんされた文章	洗錬	洗練
□勝利をかくしんする	確心	確信
□邪魔者をはいじょする	排徐	排除
□日記をつけはじめる	初める	始める
□電話のじゅわき	受話機	受話器
□ひょうしょう状の授与	表賞	表彰
□道路ひょうしき	表識	標識
□株式の特定めいがら	名柄	銘柄

88

第2章　迷いはじめたら、ますますわからなくなる漢字誤変換323

	誤	正
□本をもくどくする	目読	黙読
□殺人みすい罪	未逐	未遂
□どうかかんべんしてください	堪弁	勘弁
□相手のきげんをうかがう	気嫌	機嫌
□人名・地名はこゆう名詞	個有	固有
□切手のしゅうしゅう	集収	収集
□人生のてんきを迎える	転期	転機
□社会主義体制のほうかい	崩解	崩壊
□はじめての経験	始めて	初めて
□たんてきに言えば	単的	端的

	誤	正
□はいけいご機嫌いかがですか	拝敬	拝啓
□彼女ははで好きだ	派出	派手
□人体の諸きかん	器管	器官
□やすらぎのひととき	休らぎ	安らぎ
□現在のしんきょうをお聞かせください	心況	心境
□しまつに負えない	仕末	始末
□しせいを正す	姿正	姿勢
□じひの心	滋悲	慈悲
□薬のふくさよう	服作用	副作用
□課長はおんこうな人だ	温好	温厚

90

第2章　迷いはじめたら、ますますわからなくなる漢字誤変換323

	誤	正
□あいつはこんじょうがある奴だ	根情	根性
□かんせんから汗が吹き出す	汗線	汗腺
□借金の返済をさいそくする	催捉	催促
□せいとうはと異端児	正当派	正統派
□しゅうかんしも情報源	週刊紙	週刊誌
□絵画のふくせい	復製	複製
□書類をふくしゃする	復写	複写
□ゆうもう果敢な戦士	雄猛	勇猛
□しんきんかんを感じる	身近感	親近感
□しゅうぎ袋	祝義	祝儀

	正	誤
□友人をしょうかいする	紹介	招介
□混乱をしゅうしゅうする	収拾	拾収
□事業のきぼを拡大する	規模	規摸
□交通事故のぎせい者	犠牲	犠性
□食費をけんやくする	倹約	検約
□生命ほけんに加入する	保険	保倹
□秋はしゅうかくの季節	収穫	収獲
□こうみょうなトリック	巧妙	功妙
□遺伝子のはいれつ	配列	配例
□上司にはんこうする	反抗	反坑

STEP 2

"できる人"は迷わない漢字変換

Q 変換ミスはどれ?

敵を粉砕する

鉄は電気の伝道体

これに該当する者はいない

底廉な価格で売る

その言葉には語幣がある

[答えは本文を]

	誤	正
□浅草かいわいのにぎわい	界猥	界隈
□それはけっこうな話だ	結講	結構
□家にしょさいが欲しい	書斉	書斎
□きちょうめんな性格	几張面	几帳面
□けんびきょうによる観察	検微鏡	顕微鏡
□理論と事実がふごうする	付合	符合
□ふくせん軌道と単線軌道	復線	複線
□日米経済まさつの激化	磨擦	摩擦
□遠洋漁業のぎょかく高	魚穫	漁獲
□じゃっかん18歳で優勝	若冠	弱冠

第2章 迷いはじめたら、ますますわからなくなる漢字誤変換323

	誤	正
□ぜんごさくを協議する	前後策	善後策
□航空機のとうじょういん	塔乗員	搭乗員
□どろじあいの様相をみせる	泥試合	泥仕合
□彼はひかげものだ	日影者	日陰者
□円のはんけい	半経	半径
□損害ばいしょうを請求する	倍償	賠償
□反乱軍が一斉にほうきした	峰起	蜂起
□古書のふっこくばん	複刻版	復刻版
□ふどうひょうが当落の鍵	不動票	浮動票
□徴兵をきひする	忌否	忌避

	誤	正
□あらりえきでもマイナスを記録	荒利益	粗利益
□真分数とかぶんすう	過分数	仮分数
□かいしょ体と草書体	階書	楷書
□母親のおもかげがある	思影	面影
□マルサの女はぜいむしょの職員	税務所	税務署
□資産かくさが拡大する	拡差	格差
□ぶしょにつく	部所	部署
□足首をねんざした	捻座	捻挫
□労使交渉がなんこうした	難行	難航
□たいかなく過ごす	大禍	大過

第2章　迷いはじめたら、ますますわからなくなる漢字誤変換323

	誤	正
□初めてのざせつを経験する	坐折	挫折
□ますます成績が向上する	増増	増益
□1929年の世界大きょうこう	恐荒	恐慌
□不備の点をほそくする	捕足	補足
□敵をふんさいする	紛砕	粉砕
□人材をこうぼする	広募	公募
□金銭のじゅじゅ	受授	授受
□今回の採用はじゃっかん名です	弱干	若干
□鉄は電気のでんどうたい	伝道体	伝導体
□事態がちくじ好転する	逐時	逐次

	誤	正
□漁船がてんぷくした	転復	転覆
□責任をてんかする	転稼	転嫁
□交通じゅうたい	渋帯	渋滞
□かくうの登場人物	仮空	架空
□優勝旗をかくとくする	穫得	獲得
□しゅこうをこらした仮装行列	趣好	趣向
□しふく10年	雌服	雌伏
□紳士しゅくじょの皆様	叔女	淑女
□だそくをつけ加える	駄足	蛇足
□ごご8時	牛后	午後

	誤	正
□もくひけんを行使する	黙否権	黙秘権
□ふしまつをしでかす	不仕末	不始末
□適当なこうほしゃがいない	候補者	候補者
□きんしょうの差で負ける	僅小	僅少
□下請けはじゃくしょう企業が多い	弱少	弱小
□規模をしゅくしょうする	縮少	縮小
□経費をさいしょうげんに切り詰める	最少限	最小限
□けいそつな行動をとる	軽卒	軽率
□生徒をいんそつする	引卒	引率
□彼にはとうそつ力がある	統卒	統率

	誤	正
□軍隊をひきいる	引いる	率いる
□そっせんして仕事をする	卒先	率先
□心臓発作でそっとうする	率倒	卒倒
□彼はきがいのある男だ	気慨	気概
□異動命令にふんがいする	憤概	憤慨
□がいすうをつかむ	慨数	概数
□かんがい無量	感概	感慨
□事件のがいよう	慨要	概要
□がいぜんとして涙を流す	概然	慨然

第2章 迷いはじめたら、ますますわからなくなる漢字誤変換 323

	誤	正
□これにがいとうする者はいない	概当	該当
□歴史のがいりゃくを説明する	慨略	概略
□不勉強もたいがいにしなさい	大慨	大概
□きおうしょうがあるので心配だ	既応症	既往症
□めんどうなことになった	面到	面倒
□あっとう的な強さ	圧到	圧倒
□全力をけいとうする	傾到	傾倒
□彼は用意しゅうとうな人だ	周倒	周到
□彼にはとうていかなわない	到低	到底
□さいてい賃金法	最底	最低

	誤	正
□たいていのことは我慢する	大低	大抵
□ていれんな価格で売る	底廉	低廉
□こうたいごうは天皇の母親だ	皇大后	皇太后
□たいようの照りつける海辺	大陽	太陽
□たいこをたたいて遊ぶ	大鼓	太鼓
□たいこの地球の様子を学ぶ	大古	太古
□もぎテスト	模疑	模擬
□もはん的な青年	摸範	模範
□日本人はもほうが得意だ	模放	模倣
□飛行機のもけいを作る	模形	模型

第2章　迷いはじめたら、ますますわからなくなる漢字誤変換323

	誤	正
□幾何学もよう	摸様	模様
□千円しへい	紙弊	紙幣
□農村がひへいする	疲幣	疲弊
□その言葉にはごへいがある	語幣	語弊
□へいがいが生じる	幣害	弊害
□へいしゃまでお出で下さい	幣社	弊社

STEP 3

"できる人"は間違わない漢字変換

Q 変換ミスはどれ?

病気は漸時快方に向かう

ご馳走を戴く

悠然と構える

性凝りもなく繰り返す

株価が暴謄する

[答えは本文を]

	誤	正
□ふへん不党の精神	普遍	不偏
□自衛隊をはけんする	派遺	派遣
□税のついちょうきんを払う	追懲金	追徴金
□病気はぜんじ快方に向かう	漸時	漸次
□ご馳走をいただく	載く	戴く
□オーケストラのさんじょ会員になる	参助	賛助
□弁解にやっきになる	躍気	躍起
□転勤のせんべつをあげる	銭別	餞別
□たまのこしに乗る	玉の腰	玉の輿
□ゆうぜんと構える	裕然	悠然

第2章 迷いはじめたら、ますますわからなくなる漢字誤変換323

	誤	正
□ひきにげの現場を見た	引き逃げ	轢き逃げ
□結婚のひろう宴	被露	披露
□生物は自然とうたされる	陶汰	淘汰
□いたけだかな態度をとる	威丈高	居丈高
□敵のぶんどり品	分取り	分捕り
□遺族にちょういきんをあげる	弔意金	弔慰金
□てらこやは江戸時代の学校	寺小屋	寺子屋
□噂がこうかんに広がる	港間	巷間
□ことのほか喜ばれた	事の外	殊の外
□けんぼうしょうで困る	健忘性	健忘症

	誤	正
□ **きゅうきょ**帰国する	急拠	急遽
□ 本物**かくびじっけん**をする	首実験	首実検
□ 視力の**きょうせい**をする	嬌正	矯正
□ 彼の**きもいり**で就職した	肝入り	肝煎り
□ 先生の**くんとう**を受ける	薫淘	薫陶
□ 乱暴**ろうぜき**をはたらく	浪藉責	狼藉責
□ 良心の**かしゃく**に苦しむ	可責	呵責
□ 組織が**がかい**した	瓦壊小	瓦解少
□ **さしょう**ですがどうぞ	些	些

第2章　迷いはじめたら、ますますわからなくなる漢字誤変換323

	誤	正
□何かこんたんがある	魂担	魂胆
□みなあぜんとした	亜然	唖然
□後世にかこんを残す	渦根	禍根
□ぐうわのイソップ物語	偶話	寓話
□ずがいこつの標本	頭骸骨	頭蓋骨
□怪我人をたんかで運ぶ	担荷す	担架す
□誤りを懇々とさとす	担悟	担諭
□しょせんかなわぬ恋	所栓	所詮
□きぐの念を抱く	危倶	危惧
□税金のとくそくがくる	督捉	督促

	誤	正
□家のしゅうぜんをする	修膳	修繕
□家のけいふを調べる	係譜	系譜
□がんちくのある話	含畜	含蓄
□けいるいが少ない家族	係類	係累
□ひんしの重傷を負う	頻死	瀕死
□そんぞく殺人を犯す	尊族	尊属
□世間をしんかんさせた事件	震憾	震撼
□病気のせんぷく期間	借伏	潜伏
□小冊子をはんぷする	頒付	頒布
□あんのじょう雨だった	安の定	案の定

第2章　迷いはじめたら、ますますわからなくなる漢字誤変換323

	誤	正
□ぶっこ者の供養をする	物古	物故
□ぼんのうを断って悟りの境地に達する	煩脳	煩悩
□しょうこりもなく繰り返す	性凝り	性懲り
□あいまいな態度をとる	曖味	曖昧
□せいおんな元旦の日ざし	静隠	静穏
□陣実をいんぺいする	隠弊	隠蔽
□無事あんのんに暮らす	安隠	安穏
□おんみつに事を運ぶ	穏密	隠密
□戸籍とうほんをとる	騰本	謄本
□株価がぼうとうする	暴謄	暴騰

	誤	正
□物価のとうせいを押さえる	謄勢	騰勢
□とうしゃ版で印刷する	騰写	謄写
□お湯がふっとうする	沸謄	沸騰
□物価がとうきする	謄貴	騰貴
□かんまんな動作	緩漫	緩慢
□じょうまんな文章	冗慢	冗漫
□彼はがまん強い人だ	我漫	我慢
□職務たいまんのそしりを免れない	怠漫	怠慢
□注意力がさんまんになる	散慢	散漫
□こうまんの鼻を折る	高漫	高慢

第2章　迷いはじめたら、ますますわからなくなる漢字誤変換323

	誤	正
□まんしんを戒める	漫心	慢心
□まんぜんと日々を過ごす	慢然	漫然
□アルコールのまんせい中毒	漫性	慢性
□じまん話を聞かされる	自漫	自慢
□れいてつな頭脳の持主	冷撤	冷徹
□統制をてっぱいする	徹廃	撤廃
□放置車両をてっきょする	徹去	撤去
□てつやで仕事をする	撤夜	徹夜
□てってい的に調査する	徹低	徹底
□辞表をてっかいする	徹回	撤回

	誤	正
□占領地からてったいする	徹退	撤退
□農薬をまく	撤く	撒く
□証人をかんもんする	換問	喚問
□注意をかんきする	換起	喚起
□被告人をしょうかんする	召換	召喚
□だみんをむさぼる	堕眠	惰眠
□だらくした青年の姿	惰落	堕落
□かんれきを祝う	還歴	還暦
□利益をかんげんする	環元	還元
□血液のじゅんかん	循環	循環

第2章　迷いはじめたら、ますますわからなくなる漢字誤変換323

	誤	正
□書のおうぎを極める	奥儀	奥義
□人のなんぎを救う	難義	難儀

3種類の漢字音
音の読み方には3つの種類がある

　漢字の読み方には、「呉音」と「漢音」と「唐音」の3つがあります。これも小学校で習ったと思います。漢字はある日突然、いっぺんに入ってきたのではなく、長い年月をかけて入ってきたものです。ですから日本に漢字が伝わってきた時代や経路によっていろいろな音がちがってくるわけです。

●呉音
最も古い漢字音です。5世紀に朝鮮半島を経て揚子江下流の呉から伝わったものです。この音は仏教関係の言葉によく使われています。

経文（きょうもん）殺生（せっしょう）燈明（とうみょう）末期（まつご）

●漢音
遣階使や遣唐使などの留学生によって伝えられたものです。現在、最も一般に使われている漢字の大部分は漢音です。

●唐音
平安時代の末期に宋から貿易商人や禅宗の坊さんによって伝えられました。禅宗の言葉や貿易によって新しく入ってきた物に使われました。

行脚（あんギャ）饅頭（マンじゅう）

　この他、日本で昔から使っている「慣用音」というのがあります。例えば、「詩歌」は本来は「しか」と読むべきでしょうが「シイカ」とのばして読みます。「夫婦」も同じで「フウフ」と読んでいます。

STEP 4

"できる人"は使いこなしている四字熟語

Q 変換ミスはどれ?

新進気鋭の学者
彼女は天衣無法の人だ
決定は決戦投票に持ち込まれた
虎視眈眈と獲物を狙う
彼の考えは終始一環している

[答えは本文を]

	誤	正
□しょぎょうむじょうは人生の常	諸行無情	諸行無常
□結論をだすにはじきしょうそうだ	時機尚早	時期尚早
□じんせきみとうの奥地	人跡未到	人跡未踏
□せきにんてんかをしてはいけない	責任転化	責任転嫁
□しょうしんしょうめいの本物	正真証明	正真正銘
□じじもんだいに関心をもつ	事時問題	時事問題
□りゅうげんひごに惑わされる	流言非語	流言蜚語
□ぜったいぜつめいのピンチ	絶対絶命	絶体絶命
□しんやくせいしょを読む	新訳聖書	新約聖書
□彼はじだいしゅぎ者だ	時代主義	事大主義

第2章　迷いはじめたら、ますますわからなくなる漢字誤変換323

	誤	正
□しんしんきえいの学者	進新気鋭	新進気鋭
□しゅうじんかんしの中で演ずる	衆人監視	衆人環視
□ゆうじゅうふだんな性格	優従不断	優柔不断
□こりつむえんで頑張る	孤立無縁	孤立無援
□りょうさいけんぼタイプの女性	良妻兼母	良妻賢母
□せんせんふこくをして開戦する	戦宣布告	宣戦布告
□れんたいせきにんを問われる	連体責任	連帯責任
□ごんごどうだんな態度	言語同断	言語道断
□しんせきえんじゃが多い	親籍縁者	親戚縁者
□どくだんせんこうの行為	独断先行	独断専行

	誤	正
□怪我ではんしんふずいになる	半身不髄	半身不随
□話をはんしんはんぎで聞く	半真半疑	半信半疑
□子供はてんしんらんまんだ	天心爛漫	天真爛漫
□彼女はてんいむほうの人だ	天衣無法	天衣無縫
□たんとうちょくにゅうに話をする	短刀直入	単刀直入
□なんぎょうくぎょうを乗り越え阿闍梨になる	難行苦業	難行苦行
□ペーパーテストとこうとうしもん	口答試問	口頭試問
□ふわらいどうの人の集まり	不和雷同	付和雷同
□けいちょうふはくの世の中	軽重浮薄	軽佻浮薄
□むがむちゅうで研究する	無我無中	無我夢中

第2章　迷いはじめたら、ますますわからなくなる漢字誤変換323

	誤	正
□彼はきかいたいそうが得意だ	機械体操	器械体操
□そんなこうとうむけいな話があるものか	荒唐無形	荒唐無稽
□きゅうやくせいしょはキリスト教の教典	旧訳聖書	旧約聖書
□ぐんしゅうしんりによる暴動	群衆心理	群集心理
□決定はけっせんとうひょうに持ち込まれた	決戦投票	決選投票
□いっかくせんきんを夢みる	一穫千金	一攫千金
□現在の状態はごりむちゅうといえる	五里夢中	五里霧中
□しつぎおうとうの場を設ける	質議応答	質疑応答
□じゅうおうむじんの活躍	縦横無人	縦横無尽
□じんじいどうの季節	人事移動	人事異動

	誤	正
□それは彼のじょうとうしゅだんだ	常当手段	常套手段
□彼はこじせいくに精通している	古事成句	故事成句
□じんこうこきゅうで助かった	人口呼吸	人工呼吸
□野性動物の世界はじゃくにくきょうしょく	弱肉共食	弱肉強食
□こしたんたんと獲物を狙う	虎視耽耽	虎視眈眈
□しゅっしょしんたいを誤る	出所進退	出処進退
□せいてんはくじつの身になる	晴天白日	青天白日
□しぜんとうたは太古からの自然界の営み	自然陶汰	自然淘汰
□彼の考えはしゅうしいっかんしている	終始一環	終始一貫

第3章

もう間違わない！

思わず見逃す、よく似た漢字誤変換103

他人のそら似というが、漢字はまさにそら似の集団だ。普通の漢和辞典に載っている最高画数は三三画。漢字の数は四万字とも五万字ともいわれているから、ほとんど組合わせの世界だ。そうだとすれば、似ている字があっても当たり前。点があったりなかったり、はねたりはねなかったり、さまざまである。だから見た目の感覚で覚えていたりすると何年も何十年もずーっと思い込んでいる場合があるわけだ。その間、恥のかきっぱなし。

こんなことがあった。その人の名は「○○貴之」といった。中学の友人A氏とは三〇年来の仲であったが、A氏から来る手紙の宛名には必ず「○○貴乏様」と書いてある。貴之氏はA氏の親しみを込めた冗談とばかり思っていた。三〇年記念の同窓会で貴之氏はA氏にこのことを話題にして話をした。その時、笑っていたA氏の顔から笑いが消えた。聞けばA氏は「〇之」という名の人には全て「〇乏」と書いていたとのことだった。しかし、この話、笑えない。ひょっとするとあなたもやっている可能性がある。思い込んだらもうダメ。よほどのことがないかぎり直らない。これが漢字の怖さだ。

点ひとつ、棒一本、おろそかにしてはならない。漢和辞典を引くときはルーペを使うくらいの気持で見てほしい。もう一度いっておくが、「ダレモA氏ヲ笑エナイ」のである。

STEP 1

知ってるだけでちょっと差がつく、よく似た漢字変換

Q 変換ミスはどれ?

進程

取拾

系統

泡抹

便宣

[答えは本文を]

× 進程 しんてい？	○ 進呈 呈＝テイ◆しめす 程＝テイ◆ほど	呈示 課程
× 摘当 てきとう？	○ 適当 摘＝テキ◆つむ 適＝テキ◆かなう	摘出 適応
× 偏歴 へんれき？	○ 遍歴 偏＝ヘン◆かたよる 遍＝ヘン◆あまねく	偏見 普遍
× 底迷 ていめい？	○ 低迷 低＝テイ◆ひくい 底＝テイ◆そこ	最低 底辺
× 呼汲 こきゅう？	○ 呼吸 汲＝キュウ◆くむ 吸＝キュウ◆すう	汲々 吸収
× 実旋 じっし？	○ 実施 施＝シ・セ◆ほどこす 旋＝セン◆めぐる	施行 旋回
× 析願 きがん？	○ 祈願 折＝セツ◆おる 析＝セキ◆さく 祈＝キ◆いのる	折衷 分析 祈念

第3章　思わず見逃す、よく似た漢字誤変換103

× 剣悪　　○ 険悪

けんあく？

倹＝ケン◆つましい
剣＝ケン◆つるぎ
険＝ケン◆けわしい

倹約
剣道
冒険

× 模形　　○ 模型

もけい？

形＝ケイ・ギョウ◆かたち
型＝ケイ◆かた

形勢
典型

× 自巳　　○ 自己

じこ？

己＝コ・キ◆おのれ
已＝イ◆すでに
巳＝シ・ジ◆み

知己
已然形
辰巳

× 取拾　　○ 取捨

しゅしゃ？

拾＝シュウ◆ひろう
捨＝シャ◆すてる

拾得
捨象

× 余祐　　○ 余裕

よゆう？

祐＝ユウ◆たすける
裕＝ユウ◆ゆたか

天祐
裕福

× 甘粟　　○ 甘栗

あまぐり？

栗＝リツ◆くり
粟＝ゾク◆あわ

栗畑
粟粒

×	○		
明郎 めいろう？	**明朗** 郎＝ロウ◆おとこ 朗＝ロウ◆ほがらか	新郎 朗報
酒落 しゃれ？	**洒落** 洒＝シャ◆そそぐ 酒＝シュ◆さけ	洒脱 洋酒
前料 ぜんか？	**前科** 科＝カ◆しな 料＝リョウ◆はかる	理科 原料
係統 けいとう？	**系統** 系＝ケイ◆つながり 係＝ケイ◆かかる	体系 関係
陳例 ちんれつ？	**陳列** 列＝レツ◆つらねる 例＝レイ◆たとえる	序列 例外
坦当 たんとう？	**担当** 坦＝タン◆たいら 担＝タン◆になう	平坦 担架
成巧 せいこう？	**成功** 功＝コウ◆いさお 巧＝コウ◆たくみ	功績 巧拙

第3章　思わず見逃す、よく似た漢字誤変換103

× 粉失 ふんしつ？	○ 紛失 扮＝フン◆まぜる 粉＝フン◆こな 紛＝フン◆まぎれる	扮装 粉末 内紛
× 末知 みち？	○ 未知 末＝マツ・バツ◆すえ 未＝ミ◆いまだ	末端 未完
× 措別 せきべつ？	○ 惜別 措＝ソ◆おく 惜＝セキ◆おしい	措置 哀惜
× 専問 せんもん？	○ 専門 門＝モン◆かど 問＝モン◆とう	名門 訪問
× 弧独 こどく？	○ 孤独 孤＝コ◆みなしご 弧＝コ◆ゆみ	孤児 括弧
× 泡抹 ほうまつ？	○ 泡沫 抹＝マツ・バツ◆けす 沫＝マツ・バツ◆あわ	抹消 飛沫
× 徐去 じょきょ？	○ 除去 徐＝ジョ◆おもむろ 除＝ジョ◆のぞく	徐行 除法

× 暗紀	○ 暗記	
あんき？	紀＝キ◆のり 記＝キ◆しるす	紀元 記述
× 後侮	○ 後悔	
こうかい？	侮＝ブ◆あなどる 悔＝カイ◆くやむ	侮辱 悔恨
× 欧打	○ 殴打	
おうだ？	欧＝オウ◆はく 殴＝オウ◆なぐる	欧州 殴殺
× 仰月	○ 卯月	
うづき？	卯＝ボウ◆う 仰＝ギョウ・コウ◆あおぐ	卯の花 信仰
× 苦脳	○ 苦悩	
くのう？	悩＝ノウ◆なやむ 脳＝ノウ◆あたま	悩殺 頭脳
× 法延	○ 法廷	
ほうてい？	●廷＝テイ◆やくしょ ●延＝エン◆のばす	宮廷 延期
× 紹待	○ 招待	
しょうたい？	招＝ショウ◆まねく 紹＝ショウ◆つぐ	招聘 紹介

第3章　思わず見逃す、よく似た漢字誤変換103

×**便宣**
べんぎ？

○**便宜**
宜＝ギ◆よろしい
宣＝セン◆のる

適宜
宣誓

×**偶象**
ぐうぞう？

○**偶像**
象＝ショウ◆かたどる
像＝ゾウ◆かたち

象徴
虚像

×**匂配**
こうばい？

○**勾配**
匂＝におう
勾＝コウ◆まがる

匂袋
勾玉

重箱読みと湯桶読み
原則と例外が入り交じるハーフ漢字

　漢字は「かたち」と「音」と「意味」の3つの要素から成り立っています。ここでは、この「音」について考えてみましょう。読みには音読みと訓読みがあります。音読みは、漢字本来の発音による読み方です。例えば、猫を「キャット」と発音するのと同じです。訓読みは、日本のことばをあてはめて読んだものです。CATを「ねこ」と読むことです。漢字の熟語の読み方は、上の漢字を音で読めば下の漢字も音で読み、上の漢字を訓で読めば下の漢字も訓で読むのが原則です。ところが音と訓をまぜた読み方をする熟語があります。1つは重箱読み（じゅうばこよみ）で2つ目は湯桶読み（ゆとうよみ）です。

●**重箱読み**
　重箱は「重」が音読みで「箱」が訓読みです。このように音＋訓の読み方をする熟語を重箱読みというわけです。
　例．番組→「番」が音読み「組」が訓読み
　　　毎朝→「毎」が音読み「朝」が訓読み
　　　団子→「団」が音読み「子」が訓読み

●**湯桶読み**
　湯桶は「湯」が訓読みで「桶」が音読みです。このように訓＋音の読み方をする熟語を湯桶読みといいます。
　例．荷物→「荷」は訓読み「物」が音読み
　　　古本→「古」は訓読み「本」が音読み
　　　夕刊→「夕」は訓読み「刊」が音読み

STEP 2

大人なら知っておきたい、よく似た漢字変換

Q 変換ミスはどれ?

楊枝

括弧

遂行

催捉

抜砕

[答えは本文を]

× 別壮	○ 別荘	
べっそう？	壮＝ソウ◆さかん 荘＝ソウ◆おごそか	壮大 荘厳
× 慌廃	○ 荒廃	
こうはい？	荒＝コウ◆あれる 慌＝コウ◆あわてる	荒野 恐慌
× 刺激	○ 刺激	
しげき？	刺＝シ◆さす 刺＝ラツ◆もとる	刺殺 潑刺
× 侯補	○ 候補	
こうほ？	侯＝コウ◆きみ 候＝コウ◆そうろう	王侯 天候
× 揚枝	○ 楊枝	
ようじ？	揚＝ヨウ◆あげる 楊＝ヨウ◆やなぎ	抑揚 楊柳
× 背椎	○ 脊椎	
せきつい？	背＝ハイ◆せ・そむく 脊＝セキ◆せ	背後 脊髄
× 恬弧	○ 括弧	
かっこ？	括＝カツ◆くくる 恬＝テン◆やすらか	総括 恬然

第3章　思わず見逃す、よく似た漢字誤変換103

× 遇然 ぐうぜん？	○ 偶然 偶＝グウ◆たまたま 遇＝グウ◆あう	偶数 遭遇
× 抵坑 ていこう？	○ 抵抗 坑＝コウ◆あな 抗＝コウ◆あたる	坑道 抗争
× 片隈 かたすみ？	○ 片隅 隅＝グウ◆すみ 隈＝ワイ◆くま	一隅 界隈
× 堪当 かんどう？	○ 勘当 勘＝カン◆かんがえる 堪＝カン◆たえる	勘定 堪忍
× 軽簿 けいはく？	○ 軽薄 薄＝ハク◆うすい 簿＝ボ◆ちょうめん	薄情 簿記
× 逐行 すいこう？	○ 遂行 逐＝チク◆おう 遂＝スイ◆とげる	逐次 未遂
× 嫁動 かどう？	○ 稼動 嫁＝カ◆よめ・とつぐ 稼＝カ◆かせぐ	転嫁 稼業

×	○	
催捉 さいそく？	**催促** 促＝ソク◆うながす 捉＝ソク◆とらえる	促進 捕捉
畜積 ちくせき？	**蓄積** 畜＝チク◆かう 蓄＝チク◆たくわえる	家畜 貯蓄
暮情 ぼじょう？	**慕情** 慕＝ボ◆したう 暮＝ボ◆くれ	思慕 歳暮
安奏 あんたい？	**安泰** 奏＝ソウ◆かなでる 泰＝タイ◆やすらか	演奏 泰然
怠漫 たいまん？	**怠慢** 慢＝マン◆おごる 漫＝マン◆そぞろ	高慢 散漫
秘蜜 ひみつ？	**秘密** 密＝ミツ◆ひそか 蜜＝ミツ◆あまいもの	密輸 蜂蜜
抜砕 ばっすい？	**抜粋** 砕＝サイ◆くだく 粋＝スイ◆いき	粉砕 純粋

STEP 3

わかっているようでわからない、よく似た漢字変換

Q 変換ミスはどれ?

徹回

破烈

怠堕

網羅

愛矯

[答えは本文を]

× 減亡	○ 滅亡	
めつぼう？	減＝ゲン◆へる 滅＝メツ◆ほろびる	軽減 仏滅
× 徹回	○ 撤回	
てっかい？	徹＝テツ◆とおる 撤＝テツ◆すてる	徹夜 撤廃
× 平隠	○ 平穏	
へいおん？	隠＝イン・オン◆かくす 穏＝オン◆おだやか	隠居 穏健
× 淑母	○ 叔母	
おば？	叔＝シュク◆おじ 淑＝シュク◆しとやか	叔父 淑女
× 移殖	○ 移植	
いしょく？	植＝ショク◆うえる 殖＝ショク◆ふえる	植林 繁殖
× 発堀	○ 発掘	
はっくつ？	堀＝クツ◆ほり 掘＝クツ◆ほる	堀端 採掘
× 破烈	○ 破裂	
はれつ？	烈＝レツ◆はげしい 裂＝レツ◆さく	痛烈 裂傷

第3章　思わず見逃す、よく似た漢字誤変換103

×	○		
盆裁 ぼんさい？	盆栽 栽＝サイ◆うえる 裁＝サイ◆たつ・さばく	栽培 裁断
荻原 はぎわら？	萩原 荻＝テキ◆おぎ 萩＝シュウ◆はぎ	荻花 萩焼
激昴 げきこう？	激昂 昴＝ボウ◆すばる 昂＝コウ◆あがる	昴星 昂然
排斤 はいせき？	排斥 斤＝キン◆おの 斥＝セキ◆しりぞける	一斤 斥候
矩所 たんしょ？	短所 矩＝ク◆かねざし 短＝タン◆みじかい	矩形 短歌
倒達 とうたつ？	到達 至＝シ◆いたる 致＝チ◆いたす 到＝トウ◆いたる 倒＝トウ◆たおす	夏至 誘致 到着 打倒

×	○	
僭伏 せんぷく？	**潜伏** 僭＝セン◆おごる 潜＝セン◆ひそむ	僭越 潜入
怠堕 たいだ？	**怠惰** 堕＝ダ◆おちる 惰＝ダ◆おこたる	堕落 惰性
均衝 きんこう？	**均衡** 衝＝ショウ◆つく 衡＝コウ◆はかり	衝撃 度量衡
祟拝 すうはい？	**崇拝** 祟＝スイ◆たたる 崇＝スウ◆たかい	祟り目 崇高
憤概 ふんがい？	**憤慨** 慨＝ガイ◆なげく 概＝ガイ◆おおむね	感慨 概念
浴漕 よくそう？	**浴槽** 漕＝ソウ◆こぐ 槽＝ソウ◆おけ	漕艇 水槽
困究 こんきゅう？	**困窮** 究＝キュウ◆きわめる 窮＝キュウ◆きわまる	研究 窮地

第3章　思わず見逃す、よく似た漢字誤変換103

× 擬視	○ 凝視	
ぎょうし？	疑＝ギ◆うたがう	疑問
	凝＝ギョウ◆こる	凝固
	擬＝ギ◆なぞらえる	擬音

× 榜観	○ 傍観	
ぼうかん？	傍＝ボウ◆かたわら	路傍
	榜＝ボウ◆たてふだ	標榜
	謗＝ボウ◆そしる	誹謗

× 繰作	○ 操作	
そうさ？	操＝ソウ◆あやつる	体操
	燥＝ソウ◆かわく	乾燥
	繰＝ソウ◆くる	繰越金

× 瀕繁	○ 頻繁	
ひんぱん？	頻＝ヒン◆しきりに	頻度
	瀕＝ヒン◆ほとり	瀕死

× 逮補	○ 逮捕	
たいほ？	捕＝ホ◆とらえる	捕獲
	補＝ホ◆おぎなう	補正
	舗＝ホ◆しく	舗装

× 綱羅	○ 網羅	
もうら？	網＝モウ◆あみ	網膜
	綱＝コウ◆つな	要綱

×	○		
掲戴 けいさい？	**掲 載** 載＝サイ◆のせる 戴＝タイ◆いただく	記載 戴冠	
戸藉 こせき？	**戸 籍** 藉＝シャ・セキ◆ふむ 籍＝セキ◆ふみ	狼藉 書籍	
穫得 かくとく？	**獲 得** 獲＝カク◆える 穫＝カク◆とりいれる	捕獲 収穫	
塔載 とうさい？	**搭 載** 塔＝トウ◆たてもの 搭＝トウ◆のる	仏塔 搭乗	
滋愛 じあい？	**慈 愛** 滋＝ジ◆しげる 慈＝ジ◆いつくしむ	滋養 慈悲	
謙孫 けんそん？	**謙 遜** 孫＝ソン◆まご 遜＝ソン◆へりくだる	子孫 遜色	
漸定 ざんてい？	**暫 定** 漸＝ゼン◆ようやく 暫＝ザン◆しばらく	漸減 暫時	

第3章　思わず見逃す、よく似た漢字誤変換103

×	○	
殊薫 しゅくん？	殊 勲 薫＝クン◆かおる 勲＝クン◆いさお	薫陶 勲功
比愉 ひゆ？	比 喩 喩＝ユ◆たとえる 愉＝ユ◆たのしい	引喩 愉楽
憤火 ふんか？	噴 火 噴＝フン◆ふく 憤＝フン◆いきどおる	噴出 憤慨
愛憮 あいぶ？	愛 撫 憮＝ブ◆ぼんやりする 撫＝ブ◆なでる	憮然 撫子
沸謄 ふっとう？	沸 騰 謄＝トウ◆うつす 騰＝トウ◆あがる	謄本 暴騰
徴小 びしょう？	微 小 微＝ビ◆かすか 徴＝チョウ◆しるし	機微 象徴
貪相 ひんそう？	貧 相 貪＝ドン◆むさぼる 貧＝ヒン◆まずしい	貪欲 貧弱

143

×医僚 いりょう？	○医療 僚＝リョウ◆とも 寮＝リョウ◆なかま 療＝リョウ◆いやす 瞭＝リョウ◆あきらか	同僚 寮生 療養 明瞭
×愛矯 あいきょう？	○愛嬌 嬌＝キョウ◆なまめかしい 橋＝キョウ◆はし 矯＝キョウ◆ためる	嬌声 陸橋 矯正
×優稚 ゆうが？	○優雅 稚＝チ◆おさない 雅＝ガ◆みやび	幼稚 雅楽
×羅災 りさい？	○罹災 罹＝リ◆かかる 羅＝ラ◆つらねる	罹患 羅列
×貨弊 かへい？	○貨幣 幣＝ヘイ◆ぬさ 弊＝ヘイ◆やぶれる	紙幣 弊害
×壁画 へきが？	○壁画 壁＝ヘキ◆かべ 璧＝ヘキ◆たま	絶壁 完璧

144

第4章 知らないと恥をかく、誤読変換225

もう間違わない！

STEP 1

語彙力以前に読めなければ、はじまらない

Q 読めますか?

克己

拘泥

版図

約款

参内

[答えは本文を]

□ 境内 神社の境内	□ けいだい ●神社の敷地内
□ 相伴 お相伴	□ しょうばん ●正客と共に接待を受ける
□ 健気 健気な態度	□ けなげ ●心掛けが殊勝であること
□ 行方 行方不明	□ ゆくえ ●進んでいく目的地
□ 気質 職人気質	□ かたぎ ●職業などに特有な気性
□ 克己 克己心	□ こっき ●自分の欲望にうちかつ
□ 極意 柔道の極意	□ ごくい ●秘訣
□ 今生 今生の別れ	□ こんじょう ●この世に生きている間
□ 建立 寺を建立する	□ こんりゅう ●寺や塔などを建てること

第 4 章　知らないと恥をかく、誤読変換 225

□ **必定** 成功は必定だ	□ **ひつじょう** ●かならずそうなること
□ **初産** 35歳で初産	□ **ういざん** ●はじめての出産
□ **直伝** 師匠直伝の芸	□ **じきでん** ●直接伝授すること
□ **因縁** 何かの因縁だ	□ **いんねん** ●定まった運命
□ **所作** 所作事	□ **しょさ** ●しわざ、振る舞いなど
□ **夏至** 夏至と冬至	□ **げし** ●二十四節気のひとつ
□ **浴衣** 浴衣掛け	□ **ゆかた** ●夏に着る木綿のひとえ
□ **遊説** 全国遊説	□ **ゆうぜい** ●各地を回って演説する
□ **台詞** しゃれた台詞	□ **せりふ** ●舞台で俳優が言うことば

□ 前栽 前栽物	□ せんざい ●植え込み
□ 横柄 横柄な口をきく	□ おうへい ●ひどくいばった態度
□ 拘泥 物事に拘泥しない	□ こうでい ●こだわること
□ 体裁 体裁が悪い	□ ていさい ●見かけ
□ 吹聴 吹聴して歩く	□ ふいちょう ●言いふらすこと
□ 竹刀 竹刀打ち	□ しない ●剣道に用いる稽古刀
□ 供物 お供物	□ くもつ ●神仏に供える物
□ 市井 市井の人	□ しせい ●町
□ 衆生 衆生済度	□ しゅじょう ●すべての生物のこと

第4章　知らないと恥をかく、誤読変換 225

□ 疾病 疾病保険	□ しっぺい ●病気のこと
□ 歪曲 事実を歪曲する	□ わいきょく ●ねじ曲げること
□ 生憎 お生憎さま	□ あいにく ●つごうが悪いようす
□ 悪寒 悪寒がする	□ おかん ●さむけを感じること
□ 版図 版図の拡張	□ はんと ●一国の領域、領土
□ 充塡 銃に弾を充塡する	□ じゅうてん ●つめてふさぐ
□ 界隈 銀座界隈	□ かいわい ●あたり近所のこと
□ 東風 東風ふかば	□ こち ●ひがしかぜ
□ 斡旋 就職を斡旋する	□ あっせん ●間で世話をすること

□ 払拭 疑念を払拭する	□ ふっしょく ●すっかり取り除くこと
□ 産声 産声を上げる	□ うぶごえ ●生まれて初めて上げる声
□ 面体 あやしい面体の男	□ めんてい ●顔つき、面相のこと
□ 凡例 凡例を見る	□ はんれい ●本の読み方を書いた部分
□ 外題 歌舞伎の外題	□ げだい ●表紙に書いてある題
□ 哀惜 哀惜の念に堪えない	□ あいせき ●人の死を惜しみ悲しむ
□ 一途 一途に思い込む	□ いちず ●ひたむきなこと
□ 相殺 貸し借りを相殺する	□ そうさい ●差引きして帳消しにする
□ 造作 造作をかける	□ ぞうさ ●手のかかること

第4章 知らないと恥をかく、誤読変換 225

□ 所以 人の人たる所以	□ ゆえん ●わけ、いわれ
□ 煩悶 煩悶して夜も眠れない	□ はんもん ●悩み苦しむこと
□ 精進 精進料理	□ しょうじん ●身を清め慎むこと
□ 約款 保険約款	□ やっかん ●取決め
□ 定款 会社の定款	□ ていかん ●組織の規則
□ 晦日 大晦日	□ みそか ●その月の末日のこと
□ 雑魚 あいつは雑魚だ	□ ざこ ●小物のこと
□ 堪能 十分に堪能する	□ たんのう ●満ち足りていること
□ 参内 参内殿	□ さんだい ●皇居に参上すること

□ 時雨 時雨れる	□ しぐれ ●小雨
□ 相好 相好をくずす	□ そうごう ●表情や顔つきのこと
□ 痛痒 痛痒を感じない	□ つうよう ●痛みと痒みのこと
□ 氷柱 軒の氷柱	□ つらら ●垂れ下がった氷
□ 防人 防人の歌	□ さきもり ●辺土を守る人のこと
□ 遵守 法規を遵守する	□ じゅんしゅ ●法律などを守る
□ 遡及 遡及して請求する	□ そきゅう ●さかのぼって追及する
□ 賄賂 賄賂を贈る	□ わいろ ●不正な贈り物のこと
□ 猜疑 猜疑心	□ さいぎ ●妬んだり疑ったりする

第4章 知らないと恥をかく、誤読変換 225

□ 黄昏 黄昏どき	□ たそがれ ●夕暮れ
□ 提灯 提灯行列	□ ちょうちん ●蠟燭を灯して照らす道具
□ 反古 約束を反古にする	□ ほご ●役にたたない物事
□ 日向 日向ぼっこ	□ ひなた ●日のあたっているところ
□ 猛者 15人の猛者	□ もさ ●気力に富む強い人のこと
□ 下衆 下衆のかんぐり	□ げす ●身分、根性のいやしい者
□ 反駁 反駁を加える	□ はんばく ●反論する
□ 推敲 原稿を推敲する	□ すいこう ●文章を考え練ること
□ 言質 言質を取る	□ げんち ●証拠となる言葉

□ 奢侈 奢侈に流れる	□ しゃし ●必要以上に贅沢する
□ 面子 面子をたてる	□ メンツ ●体面や面目のこと
□ 生粋 生粋の江戸っ子	□ きっすい ●全くまじりけがないこと
□ 造詣 文学に造詣が深い	□ ぞうけい ●学問などの知識が深い
□ 回向 回向帳	□ えこう ●死んだ人の幸福を祈る
□ 永劫 未来永劫	□ えいごう ●ものすごく長い年月
□ 信憑 信憑性がある	□ しんぴょう ●信じてよりどころにする
□ 斟酌 斟酌を加える	□ しんしゃく ●程よくとりはからうこと
□ 上梓 自伝を上梓する	□ じょうし ●図書を出版すること

□ 拿捕
漁船が拿捕された

□ 高邁
高邁な精神

□ 礼讃
偉業を礼讃する

□ 鼓吹
国粋思想を鼓吹する

□ 湮滅
証拠湮滅

□ 流石
流石は天才

□ 嫡男
彼は嫡男だ

□ 遊山
物見遊山

□ 比肩
比肩できる者がいない

□ だほ
●とらえること

□ こうまい
●けだかくすぐれている

□ らいさん
●ほめたたえる

□ こすい
●相手に吹き込むこと

□ いんめつ
●跡形をなくす

□ さすが
●何と言おうと、やはり

□ ちゃくなん
●本妻の生んだ家を継ぐ男子

□ ゆさん
●気晴らしに外出すること

□ ひけん
●優劣がなく同等なこと

☐ 捺印 記名捺印	☐ なついん ●はんを押すこと
☐ 直截 直截簡明	☐ ちょくせつ ●すぐ決裁する
☐ 刃傷 刃傷沙汰	☐ にんじょう ●刃物で人を傷つける
☐ 耽溺 酒色に耽溺する	☐ たんでき ●夢中になる
☐ 口伝 口伝書	☐ くでん ●くちで伝えること
☐ 伝播 思想の伝播	☐ でんぱ ●伝えひろまること
☐ 追悼 追悼文	☐ ついとう ●生前を惜しみ悲しむこと
☐ 虚空 虚空をつかむ	☐ こくう ●大空、空間のこと
☐ 白湯 白湯を飲む	☐ さゆ ●何も混ぜないただのお湯

STEP 2

語彙力が上がれば、印象も変わる！

Q 読めますか?

斯界

眩暈

邂逅

点前

垂涎

[答えは本文を]

□ 蟄居 終身蟄居	□ ちっきょ ●家にこもり外出しない
□ 股肱 股肱の臣	□ ここう ●最も頼りとする部下
□ 詭弁 詭弁を弄する	□ きべん ●ごまかしの議論
□ 灰汁 灰汁が強い	□ あく ●植物類からでるしぶい成分
□ 咄嗟 咄嗟に身をかわす	□ とっさ ●ごく短い時間のこと
□ 訃報 訃報に接する	□ ふほう ●死亡通知
□ 物故 物故者	□ ぶっこ ●死ぬこと
□ 丁稚 丁稚奉公	□ でっち ●商人の家で奉公する少年
□ 不犯 一生不犯	□ ふぼん ●僧が異性と交わらないこと

□ 迂遠 迂遠な方法	□ うえん ●まわり遠いこと
□ 迂闊 迂闊にものを言う	□ うかつ ●よく知らずに事情にうとい
□ 上戸 笑い上戸	□ じょうご ●酒がたくさん飲めること
□ 下戸 私は下戸で	□ げこ ●酒が飲めない人のこと
□ 逝去 御逝去をいたむ	□ せいきょ ●死ぬの敬語
□ 斯界 斯界の権威	□ しかい ●この社会のこと
□ 夕餉 夕餉のけむり	□ ゆうげ ●夕飯のこと
□ 瀆職 瀆職罪	□ とくしょく ●私欲の為に職務を濫用する
□ 祝詞 祝詞奏上	□ のりと ●神主が述べることば

□ 眩暈 眩暈を感じる	□ めまい ●目がくらんだりする状態
□ 悪食 悪食家	□ あくじき ●変わったものを食べること
□ 許嫁 彼女は許嫁だ	□ いいなずけ ●婚約者のこと
□ 独楽 独楽まわし	□ こま ●おもちゃのこま
□ 鍼灸 鍼灸術	□ しんきゅう ●はりときゅう
□ 脚気 脚気を患う	□ かっけ ●ビタミンB1の欠乏症
□ 贖罪 贖罪の儀式	□ しょくざい ●罪をあがなうこと
□ 遡及 十年前に遡及する	□ そきゅう ●過去にさかのぼること
□ 暖簾 暖簾を分ける	□ のれん ●仕切りに垂らす布

第4章 知らないと恥をかく、誤読変換225

□ 似非 似非学者	□ えせ ●似ているが本物ではない
□ 慇懃 慇懃無礼	□ いんぎん ●ていねいなこと
□ 邂逅 三十年ぶりの邂逅	□ かいこう ●めぐりあい
□ 気障 気障なせりふ	□ きざ ●態度などにいやみがある
□ 漏洩 機密漏洩	□ ろうえい ●秘密などがもれること
□ 流暢 流暢な日本語	□ りゅうちょう ●すらすら話してよどみない
□ 点前 お点前	□ てまえ ●茶の湯の作法
□ 悪辣 悪辣な手段	□ あくらつ ●たちの悪いやりかた
□ 漁火 夜の海に漁火が輝く	□ いさりび ●魚などを集めるための火

☐ 辛辣 辛辣な批評	☐ しんらつ ●非常に手きびしいこと
☐ 怖気 怖気付く	☐ おじけ ●怖いという気持
☐ 垂涎 垂涎の的	☐ すいぜん ●とても強く物を欲しがる
☐ 雄叫 雄叫びをあげる	☐ おたけ(び) ●勇ましい叫び声のこと
☐ 朴訥 剛毅朴訥	☐ ぼくとつ ●無骨で飾り気がないこと
☐ 騒擾 騒擾罪	☐ そうじょう ●騒動のこと
☐ 抜擢 課長に抜擢する	☐ ばってき ●多くの中から引き抜く
☐ 鷹揚 鷹揚にうなずく	☐ おうよう ●ゆったりしている様子
☐ 好事 好事家	☐ こうず ●ものずきのこと

□ 殺陣 殺陣師	□ たて ●たちまわりのこと
□ 飛礫 なしの飛礫	□ つぶて ●投げる小石のこと
□ 忽焉 忽焉として逝く	□ こつえん ●たちまち
□ 改竄 小切手の改竄	□ かいざん ●悪用の目的で文字を変える
□ 敷衍 敷衍して言えば	□ ふえん ●分かり易く詳しく説明する
□ 健啖 健啖家	□ けんたん ●盛んに食べること
□ 塩梅 塩梅をみる	□ あんばい ●味かげん，ぐあいのこと
□ 辟易 くどい説教に辟易する	□ へきえき ●たじろぐ，閉口する
□ 軋轢 嫁と姑の軋轢	□ あつれき ●仲が悪く争うこと

□ 自惚 自惚が強い	□ うぬぼれ ●自負のこと
□ 陽炎 陽炎が燃える	□ かげろう ●地面からたちのぼる空気
□ 女婿 社長は会長の女婿だ	□ じょせい ●むすめ婿のこと
□ 駿馬 すばらしい駿馬	□ しゅんめ ●すぐれてよい馬のこと
□ 恬淡 無欲恬淡	□ てんたん ●あっさりしてこだわらない
□ 時化 時化が続く	□ しけ ●嵐などで海が荒れること
□ 割烹 割烹着	□ かっぽう ●料理のこと
□ 冥加 冥加に尽きる	□ みょうが ●神仏の加護やおかげ
□ 漸次 漸次に進歩する	□ ぜんじ ●次第に

第4章　知らないと恥をかく、誤読変換 225

- □ 贔 屓
  贔屓にする
- □ 懈 怠
  支払いを懈怠する
- □ ひいき
  ●好意をもって力を添える
- □ けたい
  ●怠けること

STEP 3

読めるだけで知性が光る、難読漢字

Q 読めますか?

剽軽

只管

就中

転寝

齟齬

[答えは本文を]

□ 剽軽 剽軽なしぐさ	□ ひょうきん ●気軽でこっけいなこと
□ 蘊蓄 蘊蓄を傾ける	□ うんちく ●たくわえた深い知識
□ 凋落 凋落の運命をたどる	□ ちょうらく ●おちぶれること
□ 饂飩 饂飩粉	□ うどん ●麺類の中のひとつ
□ 睥睨 天下を睥睨する	□ へいげい ●にらみつけて勢いを示す
□ 隘路 隘路にぶつかる	□ あいろ ●けわしい道
□ 揶揄 揶揄嘲弄する	□ やゆ ●からかうこと
□ 只管 只管走り続ける	□ ひたすら ●そればかりに心を向ける
□ 脆弱 脆弱な体質	□ ぜいじゃく ●身体などがもろくて弱い

□ 情誼 情誼に篤い	□ じょうぎ ●親しい間柄の人情のこと
□ 掣肘 掣肘を加える	□ せいちゅう ●干渉を加え自由にさせない
□ 蹉跌 青春の蹉跌	□ さてつ ●つまずくこと
□ 坩堝 興奮の坩堝と化す	□ るつぼ ●熱狂した状態のこと
□ 乖離 倫理と政治の乖離	□ かいり ●互いに反対方向に離れる
□ 傀儡 傀儡政権	□ かいらい ●あやつり人形のこと
□ 狷介 狷介孤高	□ けんかい ●人と和合しないこと
□ 憐憫 憐憫の情	□ れんびん ●あわれみふびんに思う
□ 炯眼 射るが如き炯眼	□ けいがん ●するどい眼つきのこと

□ 鍍金 銀鍍金	□ めっき ●銀などの薄い層をかぶせる
□ 昵懇 昵懇の間柄	□ じっこん ●親しくつきあうこと
□ 正鵠 正鵠を射る	□ せいこく ●要点や急所のこと
□ 惚気 お惚気をいう	□ のろけ ●のろけること
□ 梟雄 戦国の梟雄	□ きょうゆう ●残忍で猛々しい人物のこと
□ 熨斗 熨斗をつけて返上する	□ のし ●祝いなどの進物に添える物
□ 吝嗇 吝嗇家	□ りんしょく ●極度にけちなこと
□ 煩瑣 煩瑣な事務	□ はんさ ●こみいって煩わしいこと
□ 蒙昧 無知蒙昧	□ もうまい ●ものの道理に暗いこと

第4章 知らないと恥をかく、誤読変換225

- 茶毘
  茶毘に付する
- だび
  ●火葬のこと

- 無聊
  無聊に苦しむ
- ぶりょう
  ●たいくつなこと

- 訥弁
  雄弁と訥弁
- とつべん
  ●へたな話し方のこと

- 磊落
  豪放磊落
- らいらく
  ●おおらかでこだわらない

- 杞憂
  杞憂に過ぎない
- きゆう
  ●取り越し苦労のこと

- 沽券
  沽券にかかわる
- こけん
  ●人の値打ちや面目のこと

- 一瞥
  一瞥を投げる
- いちべつ
  ●ちらっと見ること

- 知悉
  内情を知悉する
- ちしつ
  ●詳しく知る

- 齷齪
  齷齪働く
- あくせく
  ●せかせかと落ちつきがない

□ 困憊 疲労困憊する	□ こんぱい ●疲れて弱ること
□ 華奢 華奢なからだ	□ きゃしゃ ●弱々しく感じられること
□ 就中 就中この点が重要だ	□ なかんずく ●とくに，とりわけ
□ 忌憚 忌憚のない批評	□ きたん ●遠慮のこと
□ 領袖 政党の領袖	□ りょうしゅう ●集団の主だった人
□ 霍乱 鬼の霍乱	□ かくらん ●病気
□ 胡座 胡座をかく	□ あぐら ●足を前に組んで楽に座る
□ 冤罪 冤罪をはらす	□ えんざい ●無実の罪のこと
□ 厭世 厭世主義	□ えんせい ●人生などをいやだと思う

第4章　知らないと恥をかく、誤読変換 225

- □ **暢気**　暢気に構える
- □ **のんき**　●心配症でなく気楽なこと

- □ **転寝**　肘枕で転寝する
- □ **うたたね**　●床に入らずしばらく寝る

- □ **呵責**　良心の呵責
- □ **かしゃく**　●責め苦しめること

- □ **嗚咽**　嗚咽がもれる
- □ **おえつ**　●声をころして泣くこと

- □ **鳥瞰**　鳥瞰図
- □ **ちょうかん**　●高所から見おろすこと

- □ **敬虔**　敬虔な祈り
- □ **けいけん**　●深く敬いつつしむこと

- □ **戯作**　戯作者
- □ **げさく**　●江戸時代の娯楽小説類

- □ **渾沌**　渾沌たる形勢
- □ **こんとん**　●区別などがはっきりしない

- □ **曳航**　曳航船
- □ **えいこう**　●他の舟を引いて航海する

□ 拉致 拉致される	□ らち ●無理につれていくこと
□ 齟齬 齟齬をきたす	□ そご ●くいちがいのこと
□ 夫子 夫子自身	□ ふうし ●その当人をさす言葉
□ 静謐 静謐の世	□ せいひつ ●穏やかに治まっていること
□ 老獪 老獪な人物	□ ろうかい ●経験をつんで悪賢いこと
□ 婉曲 婉曲な表現	□ えんきょく ●遠回しのこと
□ 捏造 捏造記事	□ ねつぞう ●でっち上げること

第5章

もう間違わない！

意外な場面で役にたつ、日常漢字389

STEP 1

植物に関する漢字たち

Q 読めますか?

独活

石楠花

躑躅

団栗

翌檜

[答えは本文を]

THEME 果実

● 書けるようになろう！ ●

- なし
- いちご
- すいか
- あんず
- みかん
- りんご
- かりん
- ぶどう

- 梨
- 苺
- 西瓜
- 杏子
- 蜜柑
- 林檎
- 花梨
- 葡萄

● 読めるようになろう！ ●

- 柚子
- 橙

- ゆず
- だいだい

第5章　意外な場面で役にたつ、日常漢字389

- □ 檸檬
- □ 朱欒
- □ 石榴
- □ 無花果
- □ 木通
- □ 枇杷

- □ レモン
- □ ざぼん
- □ ざくろ
- □ いちじく
- □ あけび
- □ びわ

THEME 野菜など

● 書けるようになろう！ ●

- さんさい / 山菜
- たけのこ / 筍
- しょうが / 生姜
- なす / 茄子
- きゅうり / 胡瓜
- かぼちゃ / 南瓜
- とうがらし / 唐辛子
- はくさい / 白菜
- にんじん / 人参
- しゅんぎく / 春菊
- わかめ / 若布
- こんぶ / 昆布

第5章　意外な場面で役にたつ、日常漢字389

- □ しいたけ
- □ さんしょう
- □ れんこん
- □ みょうが
- □ ばれいしょ

- □ 椎茸
- □ 山椒
- □ 蓮根
- □ 茗荷
- □ 馬鈴薯

● 読めるようになろう！ ●

- □ 葱
- □ 蕪
- □ 豌豆
- □ 大蒜
- □ 韮
- □ 蒟蒻
- □ 牛蒡
- □ 蕗

- □ ねぎ
- □ かぶ
- □ えんどう
- □ にんにく
- □ にら
- □ こんにゃく
- □ ごぼう
- □ ふき

- 山葵
- 蕨
- 菠薐草
- 冬瓜
- 独活
- 土筆
- 水雲

- わさび
- わらび
- ほうれんそう
- とうがん
- うど
- つくし
- もずく

THEME 花

● 書けるようになろう！ ●

- やえざくら / 八重桜
- はぎ / 萩
- すいせん / 水仙
- らん / 蘭
- ゆり / 百合
- つばき / 椿
- やまぶき / 山吹
- あぶらな / 油菜
- れんげ / 蓮華
- さざんか / 山茶花
- はまゆう / 浜木綿
- ばら / 薔薇

□ 紫陽花	□ あじさい
□ 百日紅	□ さるすべり
□ 桔梗	□ ききょう
□ 蓮	□ はす
□ 女郎花	□ おみなえし
□ 向日葵	□ ひまわり

● 読めるようになろう！ ●

□ 菖蒲	□ あやめ
□ 撫子	□ なでしこ
□ 芥子	□ けし
□ 葉鶏頭	□ はげいとう
□ 鳥兜	□ とりかぶと
□ 芍薬	□ しゃくやく
□ 梔子	□ くちなし

第5章 意外な場面で役にたつ、日常漢字389

- 風信子
- 金盞花
- 石楠花
- 勿忘草
- 菫
- 木犀
- 竜胆
- 木瓜
- 蒲公英
- 薊
- 躑躅

- ヒヤシンス
- きんせんか
- しゃくなげ
- わすれなぐさ
- すみれ
- もくせい
- りんどう
- ぼけ
- たんぽぽ
- アザミ
- つつじ

THEME 木

● 書けるようになろう！ ●

- □ もみじ
- □ からまつ
- □ しい
- □ まき
- □ ひのき
- □ ささ
- □ くわ
- □ かしわ
- □ きり
- □ くすのき
- □ かし
- □ えのき

- □ 紅葉
- □ 唐松
- □ 椎
- □ 槇
- □ 檜
- □ 笹
- □ 桑
- □ 柏
- □ 桐
- □ 楠
- □ 樫
- □ 榎

第5章　意外な場面で役にたつ、日常漢字389

- □ いちょう
- □ もみ
- □ かえで
- □ ひいらぎ
- □ くるみ

- □ 銀杏
- □ 樅
- □ 楓
- □ 柊
- □ 胡桃

● 読めるようになろう！ ●

- □ 椰子
- □ 合歓
- □ 団栗
- □ 蘇鉄
- □ 橡
- □ 葵
- □ 棕櫚
- □ 栂

- □ やし
- □ ねむ
- □ どんぐり
- □ そてつ
- □ とち
- □ あおい
- □ しゅろ
- □ つが

- □ 櫨　　□ はぜ
- □ 櫟　　□ くぬぎ
- □ 欅　　□ けやき
- □ 楡　　□ にれ
- □ 楢　　□ なら
- □ 翌檜　□ あすなろ
- □ 柘植　□ つげ
- □ 馬酔木 □ あしび

STEP 2

動物に関する漢字たち

Q 読めますか?

鸚鵡

飛蝗

公魚

海馬

蝙蝠

[答えは本文を]

THEME 鳥

● 書けるようになろう！ ●

- □ からす
- □ すずめ
- □ わし
- □ はと
- □ にわとり
- □ かも
- □ つる
- □ たか
- □ かり
- □ うぐいす
- □ う
- □ つばめ

- □ 烏
- □ 雀
- □ 鷲
- □ 鳩
- □ 鶏
- □ 鴨
- □ 鶴
- □ 鷹
- □ 雁
- □ 鶯
- □ 鵜
- □ 燕

第5章　意外な場面で役にたつ、日常漢字389

- □ きじ
- □ とび
- □ かもめ
- □ らいちょう
- □ くじゃく
- □ ひばり

- □ 雉
- □ 鳶
- □ 鷗
- □ 雷鳥
- □ 孔雀
- □ 雲雀

● 読めるようになろう！ ●

- □ 家鴨
- □ 朱鷺
- □ 鸚鵡
- □ 軍鶏
- □ 子規
- □ 金糸雀
- □ 信天翁

- □ あひる
- □ とき
- □ おうむ
- □ しゃも
- □ ほととぎす
- □ カナリア
- □ あほうどり

THEME 昆虫

● 書けるようになろう！ ●

- □ あぶ
- □ のみ
- □ ちょう
- □ あり
- □ せみ
- □ はち
- □ はえ
- □ ほたる
- □ か
- □ が
- □ かいこ
- □ かぶとむし

- □ 虻
- □ 蚤
- □ 蝶
- □ 蟻
- □ 蟬
- □ 蜂
- □ 蠅
- □ 螢
- □ 蚊
- □ 蛾
- □ 蚕
- □ 甲虫

第5章　意外な場面で役にたつ、日常漢字389

- とんぼ
- くも
- こがねむし
- かたつむり
- いもむし

- 蜻蛉
- 蜘蛛
- 黄金虫
- 蝸牛
- 芋虫

● 読めるようになろう！ ●

- 蠍
- 百足
- 蛭
- 蜉蝣
- 蓑虫
- 蟷螂
- 飛蝗
- 天牛

- さそり
- むかで
- ひる
- かげろう
- みのむし
- かまきり
- ばった
- かみきりむし

☐ 虱	☐ しらみ
☐ 蛞蝓	☐ なめくじ
☐ 蝗	☐ いなご
☐ 紙魚	☐ しみ
☐ 螽斯	☐ きりぎりす
☐ 茅蜩	☐ ひぐらし
☐ 蚰蜒	☐ げじげじ
☐ 蟋蟀	☐ こおろぎ
☐ 壁蝨	☐ だに
☐ 蛆	☐ うじ

第5章 意外な場面で役にたつ、日常漢字389

THEME 魚

● 書けるようになろう！ ●

- □ さけ
- □ たい
- □ かつお
- □ いわし
- □ はまぐり
- □ あゆ
- □ さば
- □ さめ
- □ あじ
- □ ふな
- □ こい

- □ 鮭
- □ 鯛
- □ 鰹
- □ 鰯
- □ 蛤
- □ 鮎
- □ 鯖
- □ 鱒
- □ 鮫
- □ 鯵
- □ 鮒
- □ 鯉

- 鰻
- 蛸
- 鯰
- 鮪
- 岩魚
- 秋刀魚

- うなぎ
- たこ
- なまず
- まぐろ
- いわな
- さんま

● 読めるようになろう！ ●

- 鰤
- 牡蠣
- 蜆
- 泥鰌
- 烏賊
- 鰆
- 河豚

- ぶり
- かき
- しじみ
- どじょう
- いか
- さわら
- ふぐ

第5章 意外な場面で役にたつ、日常漢字389

- 鱸
- 鱚
- 鮑
- 公魚
- 柳葉魚
- 水母
- 海星
- 海鼠
- 海栗
- 栄螺
- 蝦蛄

- すずき
- きす
- あわび
- わかさぎ
- ししゃも
- くらげ
- ひとで
- なまこ
- うに
- さざえ
- しゃこ

THEME　動物など

● 書けるようになろう！ ●

- □ かえる
- □ さる
- □ ぞう
- □ たぬき
- □ うさぎ
- □ いのしし
- □ へび
- □ おおかみ
- □ ねこ
- □ やぎ
- □ きつね
- □ かめ

- □ 蛙
- □ 猿
- □ 象
- □ 狸
- □ 兎
- □ 猪
- □ 蛇
- □ 狼
- □ 猫
- □ 山羊
- □ 狐
- □ 亀

第5章　意外な場面で役にたつ、日常漢字389

- □ ぶた
- □ とら
- □ くじら
- □ さい
- □ ひょう
- □ かば

- □ 豚
- □ 虎
- □ 鯨
- □ 犀
- □ 豹
- □ 河馬

● 読めるようになろう！ ●

- □ 鼠
- □ 蝮
- □ 縞馬
- □ 海馬
- □ 蜥蜴
- □ 海豚

- □ ねずみ
- □ まむし
- □ しまうま
- □ せいうち
- □ とかげ
- □ いるか

□ しゃち	□ 鯱
□ てん	□ 貂
□ こうもり	□ 蝙蝠
□ トナカイ	□ 馴鹿
□ あしか	□ 海驢
□ あざらし	□ 海豹
□ がま	□ 蝦蟇
□ もぐら	□ 土竜
□ かもしか	□ 羚羊
□ りす	□ 栗鼠

STEP 3

一般教養に関する漢字たち

Q 読めますか?

抽斗

耳朶

室生犀星

白耳義

[答えは本文を]

THEME 家

● 書けるようになろう！ ●

□ いす	□ 椅子
□ たたみ	□ 畳
□ しょうじ	□ 障子
□ かびん	□ 花瓶
□ てんじょう	□ 天井
□ ざしき	□ 座敷
□ ふろおけ	□ 風呂桶
□ かわら	□ 瓦
□ ついたて	□ 衝立
□ らんま	□ 欄間
□ かもい	□ 鴨居
□ せんたくき	□ 洗濯機

第5章　意外な場面で役にたつ、日常漢字389

- けいこうとう
- かんきせん
- せんぷうき
- すいはんき
- れいぞうこ

- 蛍光灯
- 換気扇
- 扇風機
- 炊飯器
- 冷蔵庫

● 読めるようになろう！ ●

- 三和土
- 抽斗
- 箪笥
- 長押
- 絨毯
- 暖簾
- 蒲団
- 炬燵

- たたき
- ひきだし
- たんす
- なげし
- じゅうたん
- のれん
- ふとん
- こたつ

THEME 人体

● 書けるようになろう！ ●

- かみ
- ひげ
- かんぞう
- じんぞう
- こかん
- つまさき
- つめ
- ちつ
- ひざ
- ちぶさ
- ひふ
- ざこつ

- 髪
- 髭
- 肝臓
- 腎臓
- 股間
- 爪先
- 爪
- 膣
- 膝
- 乳房
- 皮膚
- 座骨

第5章　意外な場面で役にたつ、日常漢字389

- [ ] さこつ
- [ ] まゆ
- [ ] せきつい
- [ ] ふともも
- [ ] わきばら
- [ ] すね

- [ ] 鎖骨
- [ ] 眉
- [ ] 脊椎
- [ ] 太股
- [ ] 脇腹
- [ ] 脛

● 読めるようになろう！ ●

- [ ] 頰
- [ ] 喉
- [ ] 顎
- [ ] 臀部
- [ ] 肋骨
- [ ] 眉間
- [ ] 肋膜

- [ ] ほお
- [ ] のど
- [ ] あご
- [ ] でんぶ
- [ ] ろっこつ
- [ ] みけん
- [ ] ろくまく

☐ 胆嚢	☐ たんのう
☐ 膵臓	☐ すいぞう
☐ 脾臓	☐ ひぞう
☐ 睫毛	☐ まつげ
☐ 耳朶	☐ みみたぶ
☐ 項	☐ うなじ
☐ 臍	☐ へそ
☐ 肩胛骨	☐ けんこうこつ
☐ 鳩尾	☐ みぞおち
☐ 踝	☐ くるぶし

THEME 文人

● 書けるようになろう！ ●

- なつめそうせき　　□ 夏目漱石
- たやまかたい　　　□ 田山花袋
- もりおうがい　　　□ 森鷗外
- あくたがわりゅうのすけ　□ 芥川龍之介
- しがなおや　　　　□ 志賀直哉
- きくちかん　　　　□ 菊池寛
- いぶせますじ　　　□ 井伏鱒二
- ながいかふう　　　□ 永井荷風
- かわばたやすなり　□ 川端康成
- おおおかしょうへい　□ 大岡昇平
- たにざきじゅんいちろう　□ 谷崎潤一郎
- まつもとせいちょう　□ 松本清張

- ☐ いのうえやすし ☐ 井上靖
- ☐ みしまゆきお ☐ 三島由紀夫
- ☐ だざいおさむ ☐ 太宰治
- ☐ はやしふみこ ☐ 林芙美子
- ☐ まさおかしき ☐ 正岡子規
- ☐ しまざきとうそん ☐ 島崎藤村

● 読めるようになろう！ ●

- ☐ 室生犀星 ☐ むろうさいせい
- ☐ 中原中也 ☐ なかはらちゅうや
- ☐ 土井晩翠 ☐ つちいばんすい
- ☐ 蕗谷虹児 ☐ ふきやこうじ
- ☐ 向田邦子 ☐ むこうだくにこ
- ☐ 広津和郎 ☐ ひろつかずお
- ☐ 火野葦平 ☐ ひのあしへい

第5章　意外な場面で役にたつ、日常漢字389

- □ 花登筺
- □ 土師清二
- □ 長与善郎
- □ 幸田文
- □ 直木三十五
- □ 坪内逍遥
- □ 子母沢寛
- □ 小山内薫
- □ 有島武郎
- □ 倉田百三
- □ 開高健

- □ はなとこばこ
- □ はじせいじ
- □ ながよよしろう
- □ こうだあや
- □ なおきさんじゅうご
- □ つぼうちしょうよう
- □ しもざわかん
- □ おさないかおる
- □ ありしまたけお
- □ くらたひゃくぞう
- □ かいこうたけし

THEME 外国の都市

● 読めるようになろう！●

- 倫敦
- 華盛頓
- 聖林
- 巴里
- 羅馬
- 紐育
- 伯林
- 桑港
- 寿府
- 羅府

- ロンドン
- ワシントン
- ハリウッド
- パリ
- ローマ
- ニューヨーク
- ベルリン
- サンフランシスコ
- ジュネーブ
- ロサンゼルス

第5章　意外な場面で役にたつ、日常漢字389

THEME　外国

● 読めるようになろう！ ●

- 独逸
- 仏蘭西
- 西班牙
- 伊太利
- 葡萄牙
- 和蘭陀
- 瑞西
- 白耳義
- 瑞典
- 丁抹
- 諾威
- 英吉利

- ドイツ
- フランス
- スペイン
- イタリア
- ポルトガル
- オランダ
- スイス
- ベルギー
- スウェーデン
- デンマーク
- ノルウェー
- イギリス

THEME 12か月

● 書けるようになろう！ ●

1月	□ むつき	□ 睦月
2月	□ きさらぎ	□ 如月
3月	□ やよい	□ 弥生
4月	□ うづき	□ 卯月
5月	□ さつき	□ 皐月
6月	□ みなづき	□ 水無月
7月	□ ふみづき	□ 文月
8月	□ はづき	□ 葉月
9月	□ ながつき	□ 長月
10月	□ かんなづき	□ 神無月
11月	□ しもつき	□ 霜月
12月	□ しわす	□ 師走

THEME 十二支

● 書けるようになろう！ ●

□ ね	□ 子	□ 鼠	ねずみ
□ うし	□ 丑	□ 牛	うし
□ とら	□ 寅	□ 虎	とら
□ う	□ 卯	□ 兎	うさぎ
□ たつ	□ 辰	□ 龍	たつ
□ み	□ 巳	□ 蛇	へび
□ うま	□ 午	□ 馬	うま
□ ひつじ	□ 未	□ 羊	ひつじ
□ さる	□ 申	□ 猿	さる
□ とり	□ 酉	□ 鶏	とり
□ いぬ	□ 戌	□ 犬	いぬ
□ い	□ 亥	□ 猪	いのしし

最強の漢字力
誰からもできる人と思われる

編著者	漢字の達人倶楽部
発行者	真船美保子
発行所	KK ロングセラーズ
	東京都新宿区高田馬場 2-1-2 〒169-0075
	電話 (03) 3204-5161(代) 振替 00120-7-145737
	http://www.kklong.co.jp
印 刷	大日本印刷(株)　製 本　(株)難波製本

落丁・乱丁はお取り替えいたします。
※定価と発行日はカバーに表示してあります。
ISBN978-4-8454-5068-8　C0281　Printed In Japan 2018